LA CASA DE LA MADRINA

LYGIA BOJUNGA

Sra. Bracero-Jones

Traducción de Lucía Borrero

Ilustraciones de Pedro José Duque

GRUPO
EDITORIAL
norma

Barcelona, Bogotá, Buenos Aires, Caracas,
Guatemala, México, Miami, Panamá, Quito, San José,
San Juan, San Salvador, Santiago de Chile.

Título original en portugués:
A CASA DA MADRINHA
Copyright © 1978 por Lygia Bojunga

Copyright © 1996 para todos los países de habla
hispana por Editorial Norma S.A.
A. A. 53550. Bogotá, Colombia

Impreso por Cargraphics S.A. — Imprelibros
Impreso en Colombia - Printed in Colombia
Agosto de 1996

Edición, María Candelaria Posada
Dirección de arte, Julio A. Vanoy A.

ISBN: 958-04-3396-8

Para Peter
y
Regina Yolanda

Alexandre resolvió hacer más bochinche: sacudió la caja de helados (sólo que en vez de hielo y helados, en la caja había cuchara, tenedor y cuchillo; y también un trozo de lápiz, un libro de historia, un jarro y una olla). Gritó de nuevo:

—¡Atención, atención! ¿Alguien conoce el pavo real? Apuesto a que no. Y mucho menos un pavo como el mío: habla, baila, sabe hacer magia, ¡es genial!

La gente que había hecho corro a su alrededor miraba a todos lados sin ver ningún pavo real; un niño preguntó:

—¿Pero dónde está?

Alexandre puso cara de misterio:

—Ya les dije: es mágico, aparece en el aire de repente.

—¿Cuando quiere?

—Cuando yo grito "¡Ya!" —sacudió otra vez la caja para atraer más gente—. ¡Atención, atención! ¿Alguien conoce el pavo real?

Vera venía por el camino. Oyó el bochinche, vio la aglomeración bajo el árbol de mango, se fue aproximando, aproximando, escuchó a Alexandre que decía:

—Yo no cobro precio fijo por el espectáculo: mi sombrero está ahí; cada uno echa lo que puede.

La gente miró el sombrero. De lona. Muy viejo. En el suelo.

Alexandre se quedó esperando. Los niños buscaron en sus bolsillos. Uno dio un cruzeiro, otro dos, otro sólo unos centavos; hubo uno que preguntó:

—¿Se puede pagar con dulces?

Se podía. Eso hizo que todos se animaran. Un niño dio dos bananos de la docena que llevaba a casa; otro dio un caramelo, le pareció poco, se acercó de nuevo y dio uno más; una niña juntó un ramo de flores y lo puso al lado del sombrero.

Vera seguía acercándose.

Los mayores —había cuatro o cinco— también estaban impacientes por ver el espectáculo. Era la primera vez que llevaban por allá a un pavo real; decían que era el animal más bonito de todos. Pero ninguno se movió. Un señor de camisa remendada preguntó:

—¿Y si uno paga y después el pavo real no es tan bonito como dicen?

Una mujer que tenía un tosco diente de oro quiso saber:

—¿Y si no hace magia? ¿Si no baila?

El señor volvió a intervenir:

—Cuesta trabajo conseguir dinero, muchacho; uno no lo gasta así como así. Primero aparece el pavo real y hace todo lo que sabe hacer, después pagamos.

A los demás adultos les pareció bien la idea:

—Sí, eso es.

A Alexandre no le gustó porque ya conocía esa historia: terminaba la función, se iban como habían llegado y allí no había pasado nada. Puso cara de disgusto:

—No estoy engañando a nadie. Si digo que el pavo real hace una cosa, la hace.

—Vamos a ver —y se cruzaron de brazos como quien dice: "Lo dicho, dicho está".

Los niños se miraron con el rabillo del ojo: ¿y si hacían lo mismo que los mayores? Pero ya estaba en el sombrero lo que habían pagado, y quedaría mal volverlo a tomar, ¿no? ¿Qué hacer?

A Alexandre le pareció que lo mejor era comenzar de una vez. Sacudió la caja con fuerza y gritó:

—¡Ya!

Vera llegó. El pavo real —que estaba escondido en una rama alta del mango— dio un gran salto y, abriendo el plumaje, se lanzó por los aires dando voces; al llegar al suelo acabó de desplegar las plumas y comenzó a pavonearse.

Era tan bonito que todos quedaron atónitos. Nadie se movía. Tenían los ojos desorbitados, fijos en el pavo real. Una mujer suspiró. Le hicieron "¡Shh!, ¡Shh!" Cohibida, y lista para lanzar otro suspiro, se tapó de prisa la boca, se quedó inmóvil —el pecho henchido, las mejillas también—, roja por el esfuerzo que debía hacer para que no se le escapara el suspiro.

El pavo real no se movía. Se limitaba a mostrar sus encantos.

Cuando Alexandre vio que el asombro general iba pasando, comenzó a alabar la belleza del pavo y a enseñar los colores de sus plumas. Se las alisaba despacito y decía que eran

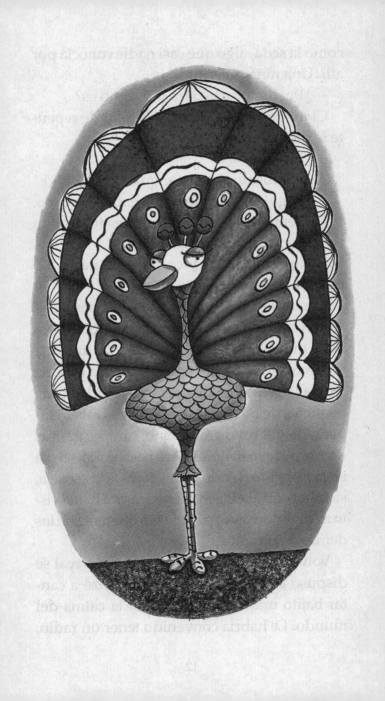

como la seda, algo que casi nadie conocía por allí. Una niña preguntó:

—¿Puedo tocarlo para ver cómo es?

Claro que podía. Se acercó, pero de repente le dio miedo:

—¿Muerde?

Fue el mismo pavo real quien respondió:

—Tengo que encontrar a la gata de la capa.

La gente se asustó con esa respuesta tan rara. Alexandre habló de prisa:

—No muerde, ni pica, ni hace nada. Lo puedes acariciar cuanto quieras.

La niña le sobó las plumas. Los demás resolvieron también ver cómo era la seda. Sólo Vera no se movió. Miraba a Alexandre con unas ganas tremendas de saber quién era. Ella conocía a toda la gente del lugar: era una ciudad muy pequeña, de provincia, con sólo tres calles empedradas; el resto era camino, campo, granjas donde plantaban flores. Vera pasaba todo el día en la carretera, yendo y viniendo de la escuela, siempre entre la misma gente; nunca había visto a Alexandre, ¡y le parecía tan diferente de los demás muchachos!

Volvieron a formar corro y el pavo real se dispuso a bailar. Alexandre comenzó a cantar bajito una samba, con toda la calma del mundo. Le habría convenido tener un radio, un tocadiscos, cualquier instrumento para acompañarse, pero como no tenía nada, sólo cantaba: sin música, el pavo real no podía bailar.

Y el pavo bailó, moviéndose para acá y para allá. Al tiempo que se meneaba desplegaba las plumas de acá, y de allá, y de acá otra vez (como se abre la mitad de un abanico).

Alexandre cantó más alto y con ritmo más animado. Cada vuelta y media hacía una corta pausa; entonces el pavo paraba —con un balanceo que daba gusto mirar— y abría su plumaje. Alexandre silbaba la música para darle tiempo de abrir y cerrar las plumas, y después volvía a cantar, esta vez más alto. Con otro balanceo del cuerpo —que daba gusto imitar— el pavo volvía a bailar, meneándose de acá para allá. La gente, contagiada, se unió al canto. Con todos cantando, la samba se fue calentando, se fue sacudiendo la pereza, la música empezó a ir más de prisa y, más que a andar, a correr, a correr cada vez más, y el pavo real se balanceaba y se contoneaba más rápido, de acá para allá, moviéndose y deteniéndose, arrastrando la cola, abriéndola y cerrándola, abriéndola y cerrándola, mostrando los colores de sus plumas, abriéndolas y cerrándolas, abriéndolas...

—¡Se acabó! —gritó de repente Alexandre.

El público se desató en aplausos; aquello había sido muy bonito. El pavo real, que estaba exhausto, aprovechó para descansar.

A Vera le seguía rondando en la cabeza la misma idea: "Apenas termine el espectáculo voy a hablar con él, para ver quién es".

Alexandre fue al centro del corro y anunció:

—Ahora, la segunda parte.

—¿Cuántas tiene? —preguntó una niña.

—Tres. La segunda parte es de magia. Voy a taparle los ojos al pavo real con este pañuelo. Uno de ustedes debe venir aquí, tirar de una pluma y volver a su puesto. Después, con sólo mirarles la cara, el pavo descubrirá quién fue.

El corro apretó el círculo: hacer magia era más difícil que bailar.

Alexandre llamó a la mujer que quiso suspirar y no pudo, pero que terminó haciéndolo:

—¡La señora que está allá! ¿Quiere hacer el favor de venir a ponerle al pavo el pañuelo para que nadie diga después que yo dejé una rendijita?

La mujer anudó con fuerza el pañuelo; el pavo real gimió en silencio. Todos quedaron satisfechos: después de un apretón así, no podría ver nada.

—¿Quién viene a halarle la pluma?

Vera levantó la mano y corrió (sólo para estar más cerca de Alexandre). Tiró de una pluma con mucho cuidado y volvió a su lugar.

Alexandre desató el pañuelo y el pavo real miró bien a cada uno de los espectadores, entornando un poco los ojos, como quien se concentra.

—¡Que todos se queden serios para que él no desconfíe de nadie! —ordenó. Y para ver si la gente se ponía seria, se acercaba a cada persona que el pavo miraba.

Bastó que se propusieran quedarse serios para que sintieran unas ganas incontenibles de reír y soltaran la carcajada.

—¡Tú! —gritó el pavo real de repente, frente a Vera.

La gente quiso saber cómo había adivinado. Alexandre no les dio tiempo de averiguarlo; fue al centro del círculo y anunció:

—Ahora el pavo real va a recitar un verso de despedida.

El pavo dijo unas cosas que nadie entendió. Un niño protestó:

—Qué forma tan rara de hablar.

Alexandre explicó que la lengua del pavo real era así; debían prestar mucha atención. Lo hicieron. Pero no sirvió: nadie entendió

15

nada. Cuando terminó de recitar, Vera le preguntó al pavón:

—¿Cómo se llama la lengua que hablas?

—¿Alguien vio a la gata de la capa?

Alexandre codeó al pavo:

—Responde lo que te preguntan. Atiende.

El pavo real miró a Vera con cara de quien está prestando mucha atención. Ella repitió la pregunta. Él lanzó un gemido cansado, pequeñito. A Alexandre le pareció mejor responder él mismo:

—Habla una lengua llamada dru.

—¿Cómo?

—Dru —y gritó—: ¡Atención, atención! Ahora el pavo real se va a despedir en la lengua que hablamos todos. Bien alto, pavón, bien alto.

El pavo abrió desorbitadamente los ojos y anunció:

—Verso de despedida —y recitó a continuación:

"Los aplausos que gané con la función
llenan de alegría mi corazón;
que el distinguido público muestre su emoción
(suspiro trémulo)
sin vacilar en la retribución.
Un fiel amigo así lo pide: el pavón".

¡A la gente le encantó! La lengua de las personas era otra cosa. Qué bien había hablado, con esa rima terminada en *on*. Aplaudieron con entusiasmo y arrojaron el dinero al suelo. No repararon en que el pavo se balanceaba de un lado al otro, como atontado.

Los niños pidieron repetición del baile. Insistieron tanto que Alexandre no tuvo más remedio que acceder: sacudió al pavo real, le explicó en voz baja que debían cantar y bailar de nuevo, el pavo se enderezó, miró con ojos desorbitados e hizo lo que le pedían. Alexandre cantó tan alto como pudo, todos cantaron con él, y el éxito se repitió; pero la gente empezó a temer que el pavo pidiera más dinero y se fue yendo poco a poco.

El pavo real parecía cada vez más tonto. Se balanceó de acá para allá, cerró los ojos y se quedó dormido.

Alexandre no esperó a que la gente desaparecía para recoger el dinero del suelo. Desenvolvió uno de los dulces y se lo comió de un solo bocado. Los caramelos no los masticó: los tragó. Peló los bananos a la carrera y se comió uno tras otro. Se volvió para ver si encontraba algo más en el suelo y se llevó una gran sorpresa:

—¡Huy! No te había visto.

Vera estaba allí, mirándolo; le ofreció su merienda:

—Es de mi recreo. Ayer comí tantos mangos que me puse mal del estómago. ¿La quieres?

Alexandre aceptó. La servilleta envolvía un emparedado de queso y unos pastelitos de maíz. Se recostó en el árbol de mango y empezó a comer. Tenía la frente fruncida, la mirada perdida en el camino, en la plantación de flores, en el río. Señaló con el emparedado:

—¿Qué hay detrás de esa cerca?

—¿Dónde?

—Allá. Más lejos de todo lo que se ve desde aquí.

—No sé. Sólo conozco hasta la cerca.

—¿Por qué?

—¿Por qué qué?

—¿Por qué nunca has ido hasta allá?

—¿Para qué?

—Para ver qué hay de ese lado.

—Dicen que es mejor no ir.

—¿Quién dice?

—Todo el mundo.

—¿Por qué?

—No sé. Creo que la gente del otro lado no quiere.

—¿Por eso pusieron esa cerca tan alta?

—Me parece. ¿Dónde vives?

—En Río, ¿y tú?

—¿De Janeiro?

—Sí. Vivo en Copacabana. Pero paso los fines de semana en Ipanema.

Vera se quedó mirándolo asombrada. Claro que se había dado cuenta de que él no era del lugar, pero nunca imaginó que fuera de Copacabana. Alexandre la miró:

—¿Conoces Copacabana?

—No. Pero mi prima está allá. Vivía aquí en la roza; el papá de ella también plantaba flores, como el mío.

—¿Qué flores planta?

—Claveles, agapantos y margaritas. ¿Las conoces?

—No.

—Después te las mostraré. Luego el padre de ella vendió el terreno y se fue para allá. Vive en la calle Siqueira Campos, cerca de un túnel. ¿La conoces?

—Sí.

—Ella me contó en una carta que ningún compañero de su escuela ha visto jamás un conejo, un armadillo y mucho menos una paca, ¿te imaginas? Dice que el niño que se sienta al lado suyo ni siquiera conoce una gallina. Sólo asada y en la mesa, lista para comer. Y que él nunca había pensado que antes la gallina caminaba y hasta volaba. Y tampoco han visto nunca un cerdo.

—Donde yo vivo hay cerdos.

—¿En Copacabana?

—Sí.

—¿De verdad?

—Hay lugares donde sí.

—Y tatúes, conejos y pacas, ¿también hay?

—Ésos no los conozco. ¿Aquí hay?

—Muchos. Después los verás.

—¿Y tú dónde vives?

Vera señaló una plantación de flores.

—La casa está al fondo. El patio es lo mejor: llega hasta el río.

—¿Y el río también es tuyo?

—No, es de él mismo.

Alexandre rió. Vera no había hablado para causarle gracia; le dio vergüenza y se quedó mirando una hormiga en el suelo. "¿Será como yo la gente que nunca ha visto tatúes, ni conejos, ni gallinas vivas? ¿Pensarán igual que yo?" Espió a Alexandre con el rabillo del ojo. Era más moreno que ella, más alto, más simpático, usaba ropa vieja y llevaba los pies descalzos. Pero en lo demás no le estaba pareciendo tan diferente. "Bueno, pero tampoco es como los compañeros de mi prima: donde vive hay cerdos".

Alexandre se sentó en el suelo, y suspiró:

—Ahora el pavo real va a dormir hasta que se canse. Y yo voy a tener que vigilarlo.

—¿Por qué?

—¡Si me lo roban, estaría perdido! No podría hacer el espectáculo y, si no gano dinero, ¿de qué voy a comer?

22

—¿Él vive contigo en Copacabana?

—No. Nos conocimos en el viaje.

—¿Qué viaje?

—Estoy viajando, trato de llegar a la casa de mi madrina.

Vera se desanimó. "¿Está de viaje? ¿Sólo está de paso? ¿No se va a quedar?" Se sentó ella también.

—¿Vive lejos tu madrina?

—Creo que todavía me falta mucho para llegar. Augusto me contó que tendría que andar toda la vida. Augusto es mi hermano, ¿sabes? Está trabajando en una fábrica de São Paulo.

—¿Y hace mucho tiempo que estás viajando?

—Bueno, yo salí... Déjame ver... Sé que era un domingo, pero... ¡Increíble! ¿Sabes que ya no recuerdo cuándo salí?... Espera... Sé que era un domingo; yo quería salir temprano pero acabé yéndome por la tarde porque los domingos la playa de Ipanema se llena y el trabajo es bueno. Quiero decir, era: cuando en la playa había más gente descansando que trabajando.

—¿Qué gente?

—Los que se ganan la vida vendiendo cosas.

—¿Y qué venden?

—De todo. Antes sólo vendían bizcochos, helados, bebidas. Luego fueron aumentando, aumentando, y se pusieron a vender de todo: sombrillas, libros, sillas, toallas, periódicos, secadoras de ropa, alfombras...

—¿Tú qué vendías?

—Comencé vendiendo bizcochos porque era muy pequeño y sólo podía cargar cosas ligeras. Crecí un poco y me pasé a los cacahuetes. Ya podía llevar la lata con hornillo. Fue bueno lo del hornillo, fíjate: nadie compra cacahuetes fríos. Cuando crecí más me pasé a los helados. La gente los compra sólo si están bien fríos. Y sabes qué pasa, ¿no? En la arena, con ese calor, hay que llevar un pedazo de hielo en la caja para que se mantengan congelados. ¡Para qué contarte cuánto pesa! Luego hubo tanta gente vendiendo helados, que recorría la playa cinco o seis veces y no vendía casi nada. Primero era en Copacabana, sobre todo, donde había un montón de vendedores. Por eso decidí trabajar los fines de semana en Ipanema. Pero Ipanema también se agotó. Entonces dije en casa: "Está muy difícil la vida en la playa, creo que me voy de viaje". Era domingo y me dijeron: "Domingo de sol, la playa está llena, ve a trabajar". Y fui. Pero por última vez. Porque ya había resuelto que me marcharía. Hasta tuve suerte, ¿sabes? Vendí casi todo lo que había llevado. Sobraron sólo dos o tres helados y me los comí. Le pedí a un compañero que le llevara el dinero al patrón y le dijera que le mandaba un abrazo de despedida; la caja era de Augusto y decidí usarla de maleta. Pasé por casa a decirle adiós a mi familia, y cuando me despedí de todos, me fui. Debían de ser las tres y media.

—¿Tu familia no se preocupó?

—No. Les expliqué que iba a visitar a mi madrina. "Por fin te acuerdas de ella", comentaron.

—¿Fue difícil llegar hasta aquí?

—Bueno, caminé muchísimo. Después le pedí que me llevará al conductor de un camión que llevaba unos caballos a una hacienda. Estaba repleto. Tuve que viajar montado en uno negro. Me divertí mucho. Sólo de noche estuve mal: el caballo duerme bien de pie, pero la gente montada no. Después de llegar a la hacienda el camión regresó y tuve que volver a caminar. Anduve unas cuatro horas: parecía que nunca iba a poder volver a cerrar las piernas. Pero pude. Después de eso todo se puso peor. Nadie pasaba por el camino, cambió el tiempo, el sol se nubló, me cansé tanto que creí que no podría sostenerme en pie.

—¿Y por qué no paraste a descansar?

—Sí, eso hice, paré.

Se detuvo, miró el bosque al lado, vio un buen tronco y se sentó. Unos cinco minutos después llegó la neblina. Era una neblina pícara (le encantaba asustar). Desde lejos, la neblina vio a Alexandre y se le fue acercando por detrás sin hacer ruido. Era como un humo espeso: ocultaba todo a su paso.

La neblina lo rodeó, hizo desaparecer el bosque, hizo desaparecer el camino, y hasta al tronco lo hizo desaparecer. Alexandre se levantó, quiso huir, tropezó, se detuvo, desistió; la neblina, creyendo que Alexandre se estaba muriendo de miedo, avanzó, retrocedió, y todo alrededor desapareció.

Alexandre no le dio importancia. Recordó que una vez estaba vendiendo helados en la playa y, de repente, bajó una neblina muy densa. Todo el mundo se quedó inmóvil, sin poder ver nada. Pero después salió el sol, hizo un rasgón en la niebla, la envolvió, y empujándola, empujándola, consiguió que el cielo quedara azul otra vez.

Alexandre pensó que sucedería de nuevo lo mismo, y esperó. Esperó. Intentó caminar.

—¡Ay!

—Disculpa, pero no veo nada.

—¿Quién está ahí?

—Alexandre. ¿Y tú quién eres?

—El pavo real.

Fue así como los dos se encontraron.

Alexandre ya había oído hablar del pavo real y se moría de ganas de verlo. Pero ¿quién dijo que la neblina pasaba? Se puso a conversar:

—¿Es verdad que el pavo real es el animal más bonito que existe?

El pavo real no contestó. Alexandre pensó que no había oído y repitió la pregunta. El continuó callado.

—¡Eh! ¿Estás ahí?

El pavo real repitió:

—Eh.

Pensando que era medio sordo, Alexandre dijo a voces:

—¿Eres tan bonito como dicen?

Pasó un buen rato. Después respondió:

—Mucho. Muy bonito.

Alexandre le preguntó si él también vivía en Río. Al pavo real le llevó mucho tiempo comprender bien la pregunta y responder que no tenía casa fija. Entonces Alexandre le contó que él iba a la casa de su madrina, le habló del camión, del caballo, de todo, y después quiso saber:

—Y tú, ¿a dónde vas?

—¿A dónde?

—Sí.

Silencio. Alexandre empezó a sentir fastidio: qué animal tan raro era el pavo real. Preguntó otra vez. El pavón suspiró tembloroso, gimió, caminó un poco, tropezó, suspiró de nuevo, gimió otra vez, y por fin contestó:

—Viajo de un sitio a otro. Pero no sé a dónde voy.

—¿No sabes?

—Viajo de un sitio a otro. Pero no sé a dónde voy.

A continuación se atascó. Alexandre hizo unas preguntas más, pero el pavo real ni siquiera aguardó a que acabara de hablar:

—Viajo de un sitio a otro. Pero no sé a dónde voy.

El fastidio de Alexandre aumentó: "A éste como que se le secó el coco".

No era de los que se atemorizan con facilidad, pero creyó mejor dejar para otros eso de quedarse solo con un tipo algo loco en medio de una neblina tan espesa. Se decidió:

—Bueno, ya que la neblina no pasa, me voy. Chao, ¿eh?

El pavo real respondió a toda velocidad:

—Viajo de un sitio a otro. Pero no sé a dónde voy.

Alexandre se marchó. A tropezones. Tanteando. Un topetón tras otro. Sin tener idea de a dónde iba. Pero allí, a solas con ese tipo, no se quedaba. Ni loco que estuviera.

Un rato después todavía sintió que había alguien tras él. El corazón le latió con fuerza.

—¿Quién está ahí?

—Viajo de un sitio a otro. Pero no sé a dónde voy.

¡Pronto! Apresuró el paso. El pavo real lo siguió. Echó a correr, sin fijarse por dónde. Corría, chocándose contra los árboles. Haciéndose daño. La caja de helados se le cayó. Oyó el ruido de la olla, de la cuchara, de las cosas desparramándose, pero no se detuvo:

era mayor el deseo de librarse del pavo real. Y el pavo real siempre tras él.

De repente, como aquel día en la playa, el sol comenzó despejar la niebla. Alexandre vio cielo, nubes, ramas de árboles; se detuvo: quería huir del pavo real, pero también deseaba verlo.

En un santiamén el sol limpió todo; no quedó ni rastro de la neblina. El pavo gritó de alegría y desplegó bien sus plumas. Alexandre se volvió y dio un grito. Después quedó mudo de asombro.

Me quedé embobado mirándolo, aunque ya conocía muchas cosas bonitas. Allá en casa tenemos una vista muy linda; en Leme hay una muchacha que va siempre a la playa con el pelo recogido, y da gusto mirarla. Y fuera de eso, ¿tú sabes cómo es, no? Cuando uno viaja, ve muchas cosas bonitas. Yo vi barcos grandes y pequeños, un tren en marcha, has-ta un camión con veinte automóviles a sus espaldas. Y sé que eran veinte porque los con-té. ¡Pero algo así de bonito como el pavo real, con tantos y tan vivos colores, no había visto nunca, nunca! Luego pasó algo que no me explico: cuando volví a echar a andar y vi que el pavo real me seguía, ya no le di importancia. Gracioso, ¿no? Pues sí. Pensé que era bueno caminar junto a algo tan bonito y poder mirarlo a toda hora. Me dije, eso sí, que era mejor no hablar con él.

—¿Y el pavo tampoco habló más?

—No. Anduvimos así el resto del día, comimos lo que todavía quedaba en la caja...

—¿Fuiste a recoger la caja?

—¿Y la iba a dejar allá? Había luna llena. La noche estaba tan radiante que tuve que buscar la sombra de un árbol para dormir. Por la mañana le dije "Buenos días" al pavo real, él lo pensó mucho y después contestó "Buenos días", y entonces le pregunté si había dormido bien, y él me preguntó si yo había dormido bien, y le pregunté "Entonces, ¿vamos a continuar el viaje?", y me preguntó "¿Vamos a continuar el viaje?", y como lo único que hacía era repetir lo que yo decía, acabé por no preguntarle nada más. Caminamos de un lado a otro, y ya era el día siguiente cuando, de repente, pasó algo tan inesperado, que casi me caigo de espaldas.

Sin que nada especial ocurriera, el pavo real
se detuvo, puso aire de misterio y llamó a
Alexandre:

—¡Psssss!

Bastó que se acercara para que el pavo se
pusiera a contarle su vida. Pero hablaba ale-
gremente, conversando y riendo en forma
normal, moviendo las plumas de acá para allá
con aspavientos y ademanes, brillándole los
ojos; se veía tan distinto y tan contento que
parecía otro animal.

Alexandre se entusiasmó con la nueva actitud del pavo. A menudo interrumpía la historia para preguntarle: "¿Sí? ¿Y eso? ¿Y aque-

llo?" El pavo respondía en seguida, no tardaba ni un minuto para pensar. Contó un montón de cosas, algunas divertidas, otras horribles. Así fueron intimando, y cuanto más intimaban, tanto más larga se iba haciendo la charla. Hasta que a las tantas, Alexandre preguntó:

—Escucha, pavo real, ¿te dijeron que debías viajar toda la vida?

—¿Te dijeron que debías viajar toda la vida?

—Sí. ¿Te dijeron eso?

—Sí. ¿Te dijeron eso?

—¡No! Soy yo el que está preguntando.

—Soy yo el que está preguntando.

Alexandre se desanimó:

—¡Basta!

Los ojos del pavo real comenzaron a perder el brillo. Repitió bajito "Basta" y se fue quedando quieto, cada vez más quieto.

Sin que hubiera ocurrido nada en particular, el pavo había dejado de comportarse normalmente, de hablar normalmente, de moverse...

—¡Espera! —interrumpió Vera—. ¿El pavo real está loco?

—¿Loco? ¡Qué va! No tiene nada de loco.

—¿Entonces qué tiene?

—Que piensa poco.

—¿Qué?

—Que piensa a gotas. Le atrasaron el pensamiento.

—¡Ah, déjate de historias!

—No es broma.

—¿Es en serio?

—En serio.

—¿Pero lo hicieron a propósito?

—Sí.

—¿Y cómo se atrasa el pensamiento?

—Dicen que hay varias maneras.

—¿Se lo atrasaron de verdad?

—Sí. Antes pensaba normalmente y disfrutaba de la vida: tenías que haberlo visto.

—¿Y por qué le hicieron eso?

—Por nacer tan bonito.

—¡Huy! ¿Por eso?

—Es tan bonito, mucho más bonito que cualquier otro pavo real, que iba a verlo gente de todos los rincones. Hasta profesores de animales: ésos que se pasan la vida estudiando y observando a los animales, ¿sabes? Los sabios.

—Sí.

—Oían hablar del pavo real e iban a verlo. Se quedaban con la boca abierta. Decían: "Las plumas de este pavo son extraordinarias". Fue entonces cuando los dueños del pavo se reunieron y uno habló: "Si acude gente desde tan lejos para contemplarlo, si vienen profesores, lo mejor es que cobremos la entrada". Otro exclamó: "¡Claro que sí! ¿Por qué tenemos que mostrarlo gratis?" Y otro preguntó: "¿Pero el pavo aceptará?" Y entonces otro...

—¿Y cuántos dueños tenía?

—Cinco.

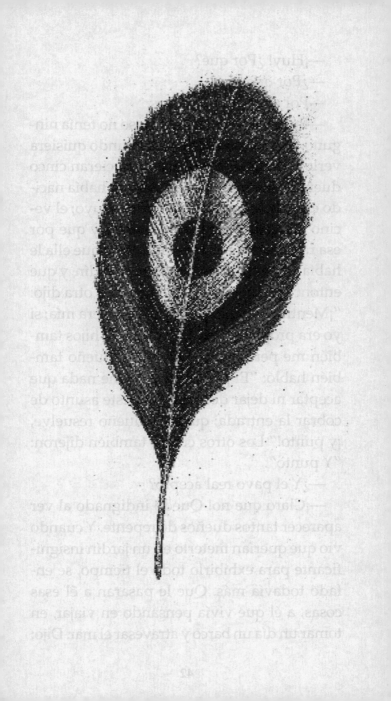

—¡Huy! ¿Por qué?

—¿Por qué qué?

—Por qué tantos dueños.

—Bueno, antes de ser famoso no tenía ninguno. Pero bastó que todo el mundo quisiera verlo para que en seguida aparecieran cinco dueños: uno dijo que el pavo real había nacido en su jardín y que por eso era suyo; el vecino dijo que él le daba de comer y que por esa razón era de él; una mujer dijo que ella le había dado el pavo al dueño del jardín, y que entonces ella era la primera dueña; otra dijo: "¡Mentira! La madre del pavo real era mía; si yo era propietaria de la madre, los hijos también me pertenecen"; el quinto dueño también habló: "El pavo real no tiene nada que aceptar ni dejar de aceptar en este asunto de cobrar la entrada; quien es dueño resuelve, ¡y punto!" Los otros cuatro también dijeron: "Y punto".

—¿Y el pavo real aceptó?

—¡Claro que no! Quedó indignado al ver aparecer tantos dueños de repente. Y cuando vio que querían meterlo en un jardín insignificante para exhibirlo todo el tiempo, se enfadó todavía más. Que le pasaran a él esas cosas, a él que vivía pensando en viajar, en tomar un día un barco y atravesar el mar. Dijo:

"No acepto". Por eso lo amarraron de una pata. Pero se soltó. Lo amarraron del pescuezo. Se soltó otra vez. Lo ataron por las plumas con una cuerda así de gruesa. Dio un tirón, dejó varias plumas en la cuerda y se fue al puerto a ver si encontraba un barco. Los dueños perdieron la paciencia y resolvieron: "Vamos a acabar de una vez con esa manía que tiene de soltarse". Y lo llevaron a una escuela cercana, hecha a propósito para atrasar el pensamiento de los alumnos.

do hablar a los profesores. Si ahora él pier-
recibía un castigo, si pedía salir, lo castigaban, si cabeceaba (los profesores hablaban
tanto que hacían dar sueño), lo despertaban
para que cumpliera un castigo.
El pavo real decidió no cerrar el pico ni un
momento, escaparse, cabecear, sólo para quedar castigado y no oír más a sus profesores.
No ganó nada, también se dedicaron a hablar en la hora del castigo. Y para colmo, hablaban el doble.

La escuela donde llevaron al pavo real se llamaba Escuela Osarta del Pensamiento. Inventaron el nombre para que no llamara la atención a primera vista. Pero el que estuviera
verdaderamente interesado en el asunto lo
podía advertir en seguida: bastaba leer Osarta
de atrás para adelante.

La Osarta tenía tres cursos: el curso charla,
el curso hilo y el curso filtro.

El curso charla era lo que su nombre indi-
caba: charla. ¡Había que ver cómo charlaban!
Al pavo real le gustó; en aquel tiempo su in-
teligencia era normal y a él le agradaba conversar, saber qué pensaban los demás, opi-

nar sobre las cosas. Sólo había un problema en el curso: él no podía expresar sus ideas sobre nada; debía quedarse callado escuchando hablar a los profesores. Si abría el pico, recibía un castigo; si pedía salir, lo castigaban; si cabeceaba (los profesores hablaban tanto que hacían dar sueño), lo despertaban para que cumpliera un castigo.

El pavo real decidió no cerrar el pico ni un momento, escaparse, cabecear, sólo para quedar castigado y no oír más a sus profesores. No ganó nada: también se dedicaron a hablar en la hora del castigo. Y para colmo, hablaban el doble.

El pavo real era un animal tranquilo, pero esa charla repetida todo el día le quitó el sosiego. Se asustaba sin motivo, oía cualquier ruidito y saltaba hacia un lado mientras su corazón saltaba hacia el otro. Adquirió un tic nervioso: suspiraba temblando, y cada hora sacudía la última pluma del lado izquierdo, mientras que cada tres cuartos de hora sacudía la penúltima pluma del lado derecho.

El curso charla era exactamente para eso: para que el alumno le cogiera miedo a todo. Los profesores de Osarta sabían que cuanto más temeroso se volvía el estudiante, más se atrasaba su pensamiento. Por eso martillaban el día entero al oído del pavo real: "No salgas de la clase. Si lo haces, te resbalas, te caes; cuidado, ¿eh? ¿Ves, ves? Ya te estás resbalando, te estás cayendo, ¿no te lo dijimos? Tienes que quedarte toda la vida cerca de tus dueños. No te quedes nunca solo. Quedarse solo es peligroso: crees que estás solo, pero hay un fantasma a tu alrededor. O viene el coco. Cuidado con la oscuridad. La noche es negra, cuidado".

De noche inventaban cosas horribles. Decían que si el pavo real no hacía todo lo que sus dueños querían, iba a tener urticaria, dolores de barriga muy fuertes, y hasta era posible que muriera asado en una enorme hoguera.

Él se aterrorizaba cada vez más. Hacia la mitad del curso adquirió una manera rara de andar: ensayaba cada paso que daba, para ver si no se resbalaba, si no se caía, si no le daba urticaria, si no acababa en la hoguera. Como a la hora de hablar sentía que el habla también se le iba a caer, a resbalar, cerraba el pico y procuraba no decir palabra. A partir de entonces comenzó a tener mejores calificaciones.

Al principio del curso sacaba siempre cero; tal vez un uno, un dos como máximo. Pero al aumentar el miedo, las notas mejoraron: tres, cuatro, cinco; hubo un día en que tuvo tanto miedo de tantas cosas, que sacó un siete. (La nota diez era sólo para el alumno con miedo de pensar. En ese momento el curso se daba por terminado y entregaban diploma y todo.) Cuando el pavo real obtuvo el siete, por la noche tuvo un sueño muy extraño, todo en amarillo, azul y verde lechuga. Los del curso charla hablaban, hablaban, hablaban, y él no escuchaba nada: se había quedado sordo. Se despertó y pensó: "Ahí está, ésa es la clave". Fue al aula. Estaban encerando el pasillo de la escuela. Cogió un puñado de cera y, con todo disimulo, se tapó los oídos. De allí en adelante se quedaba serio mirando a los profesores que hablaban, hablaban, y él —¡qué bueno!— sin poder escuchar.

Hicieron de todo. Hablaron tanto que se quedaron roncos. Uno de ellos perdió la voz. Pero no sirvió de nada: el miedo del pavo real no aumentó; se había atascado en la nota siete. Por eso resolvieron llevarlo al curso hilo.

Y el pavo real fue. Con un terrible miedo de caerse. Examinaba sus piernas a cada paso para ver si la picazón que sentía era la tal urticaria. Suspiraba temblando. Sacudía la última pluma, y la penúltima también. Pero todo lo demás era normal.

Los profesores de Osarta habían oído hablar de una operación que le hicieron a un gallo de pelea: le cosieron el cerebro y sólo le dejaron afuera un pedacito para pensar, que los dueños del gallo consideraron suficiente; el resto desapareció dentro de la costura. La operación dio buen resultado y mucha gente habló de eso. La dirección de Osarta llamó a los propietarios del gallo para que dictaran un curso en la escuela. Terminó llamándose curso hilo.

Los cinco dueños del pavo real fueron a Osarta a resolver qué desaparecería y qué no del pensamiento del pavo durante la operación que le harían. Cada uno quería que retuviera en la memoria ciertas cosas. Discutieron. Pelearon. Fue una riña de las buenas. La dirección de la escuela se aburrió:

—Así no se puede, se confunde todo. Cada dueño tiene derecho a elegir sólo una cosa para el pavo real.

—¿Sólo una?

—Sí, ¡una!

El pavo real estaba en la sala de espera, y con aquella gritería pudo enterarse de todo (está claro que ya se había librado de la cera). Cayó en una honda depresión al darse cuenta de que sólo podría pensar lo que otros quisieran. Casi lloró. Si no lo hizo, fue porque quería averiguar el resto de los planes y creyó que el llanto se lo impediría.

Los cinco dueños discutieron tres horas y media y al fin decidieron:

—El pavo real debe creer que somos buenas personas.

—El pavo real no sentirá deseos de dejarnos.

—Al pavo real le va a encantar exhibirse.

—El pavo real no querrá cobrar ni un centavo del dinero que ganemos con él.

—El pavo real defenderá con uñas y dientes su belleza.

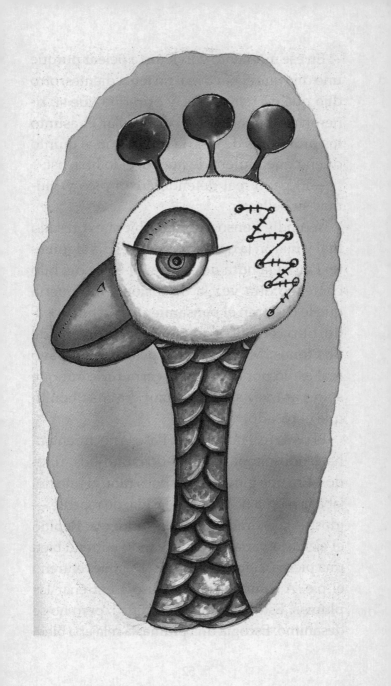

En ese momento volvieron a pelear porque uno dijo que el pavo real no tenía dientes, otro dijo que no tenía uñas, y otro dijo que sí; riñeron un buen rato, y para zanjar el asunto los profesores de Osarta ordenaron al quinto dueño que pidiera de nuevo; él lo hizo así:

—El pavo real defenderá con pico y plumas su belleza.

Ya nadie pensó que se hubiera expresado mal y fijaron la operación para el día siguiente. Pero a la hora de escoger el color del hilo comenzó otra vez la discusión. Uno quería que le cosieran el pensamiento con hilo rosado, otro con hilo azul, otro quería un hilo de dos tonos. Mientras ellos peleaban, el pavo real espió por el ojo de la cerradura, aunque sólo para ver si el hilo azul era más bonito que el rosado.

El pavo real no durmió. Pasó la noche entera haciendo gimnasia. Uno-dos, uno-dos, uno-dos. Era una gimnasia un poco rara: al uno dejaba la pierna floja, bien relajada; de repente —¡dos!— la estiraba con toda su fuerza. Repitió el ejercicio varias veces. Cuando entrenó bien una pierna, siguió con la otra. Después entrenó el pie. A continuación se puso a entrenar las plumas. Esto le resultó más difícil, pero no se desanimó. Escogía una pluma, la relajaba bien,

la dejaba tranquilita, y de repente daba un tirón (era un tirón difícil, de adentro hacia fuera,
y si no lo hacía bien la pluma se quebraba). Ejer-
citó después el pico, los ojos, y así fue subiendo
hasta llegar al cerebro. Porque lo que quería precisamente era eso: darle un tirón al pensamiento. Había visto por el ojo de la cerradura que el
hilo que usarían para coserle la cabeza no era
gran cosa: con un tirón fuerte lo reventaría.
Ensayó el tirón de la cabeza. Pero tirar del pensamiento es todavía más difícil que hacerlo con
las plumas. Hacía este ejercicio: uno, dejaba
el cerebro inmóvil, sin pensar en nada; de
repente —¡dos!— pensaba algo con todas
sus fuerzas.

Repitió el ejercicio hasta el momento de la
operación y no hubo forma de coserle el cerebro. Cosían de un lado y, cuando comenzaban a coser el otro, el pavo real daba un tirón, y el hilo se reventaba. Remendaban el
lado reventado, el pavo real daba otro tirón,
y se rompía la nueva costura. Comenzaron a
impacientarse:

—¡Qué hilo tan malo!

—¿No será culpa del color?

Cambiaban de hilo, usaban otro color. Uno-
dos, uno-dos, el pavo real halaba, y el hilo se
rompía. Acabaron por desistir.

Al pavo le quedaron varios pedazos de hilo colgando dentro de la cabeza. A veces los pensamientos se le enredaban en las hebras, quedaban presos, no conseguían pasar, y se quedaba pensando en la misma cosa hasta que se desenredaban. Pero aparte de eso salió del curso hilo pensando normalmente.

Los profesores de Osarta suspiraron:

—Es un caso para filtro.

Era lo que solían decidir cuando daban con un alumno con cerebro a prueba de charla y de hilo. Llevaron al pavo real al curso filtro. Eso sí funcionó. Es decir: consiguieron atrasarle el pensamiento tanto como querían.

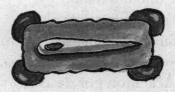

El salón del curso filtro era rosado y olía a dentífrico —por eso daban ganas de quedarse allí.

Al pavo real le cepillaron las plumas para darles brillo y para demostrarle qué bien lo trataban. Eso le encantó.

En la mesa, en el suelo, en las paredes, en todas partes había filtros: grandes, pequeños, de pie, de pared, de estante, de metal, de barro, de acrílico; había filtros muy antiguos y filtros muy modernos. Al pavo real le gustó todavía más el curso: pensó que todos esos filtros debían de ser parte de una colección para jugar. Comenzó a examinarlos uno por uno. Le preguntaron:

—¿Cuál quieres para ti?

El pavo se asombró: ¡Increíble! ¿Todo tan bueno y además daban un filtro? Desconfió.

—¿Para qué quieren darme un filtro?

—Para filtrar tu pensamiento; para que quede bien limpio.

Se quedó pensando en la respuesta; le pareció absurda.

—¿Te gusta éste? —le mostraron uno pequeñito. Lindo. De barro. Con tapa, con todo. Pero
diminuto. Y con un grifo de metal miniatura—.
Tienes la cabeza muy pequeña y necesitas un
filtro muy pequeño, ¿no? ¿Te gusta éste?

El pavo real respondió, distraído:

—Bueno.

No lo dejaron decir nada más. Lo sujeta-
ron con fuerza, le abrieron la cabeza, le enca-
jaron el filtro en la tapa de los sesos, tiraron
para acá y para allá para acomodarlo bien y
evitar que escaparan al filtro algunas ideas, y
después abrieron el grifo un poquito. Algo
insignificante, apenas si se notaba.

Con el cepillado de plumas el pavo real
salió de Osarta aún más bonito que antes. Y
además, oliendo a dentífrico. Precioso.

Pero ocurrió algo que nadie esperaba: el grifo del filtro vino con un defecto de fábrica y no filtraba el pensamiento en forma regular; a veces goteaba apenas, sólo un poco, y otras, de repente, se abría del todo (en esos momentos pasaban tantas ideas por la cabeza del pavo real, que era una maravilla); otras veces, sin embargo, se movía solo y se cerraba por completo (entonces al pavo se le apagaba la chispa). Los cambios sólo ocurrían de vez en cuando; la mayor parte del tiempo el grifo permanecía en la posición que debía: un poquito abierto, para que el pensamiento del pavo goteara lentamente y se atrasara cada vez más.

Como era imposible ver qué ocurría dentro de la cabeza del pavo real, nadie se enteró del defecto del grifo. Pero un día, cuando se abrió por completo, el pavo se puso a pensar normalmente, a recordar todo, y acabó por comprender lo ocurrido. Fue estupendo. Pero duró poco; cuando estaba en lo mejor, el grifo se cerró de nuevo.

El pavo real vivió mucho tiempo en aquel jardín. No hacía otra cosa que pasearse y exhibirse. Los dueños lo entrenaban: "Camina así. Abre las plumas asá. Responde así. Mira asá".

Y él caminaba. Abría las plumas. Respondía. Miraba. Porque ésa era la ventaja del pensamiento atrasado: el pavo hacía todo lo que los otros le mandaban, sin detenerse a pensar.

Hasta que una vez el grifo se abrió del todo de nuevo. Fue ese día cuando se encontró con un marinero muy famoso por aquellos lados, llamado João de las Mil y Una Novias.

—¡Vera!

Vera estaba tan enfrascada en la charla con
Alexandre, que saltó del susto cuando oyó
que la llamaban:

—¡Ya es hora de comer, hija!

—¡Voy! —miró a Alexandre—. ¿No te irás,
no?

—Esta noche dormiré por aquí.

—¿Dónde?

—Hay mucha hierba buena para acostarse.

—Escucha —miró a la madre, que esperaba; se levantó—: mañana vendrán a comer a
casa, ¿sí? Tú y el pavo real.

—Bueno. ¿Dónde nos encontramos?

—Aquí mismo. Yo te vengo a buscar. Así te muestro el patio de mi casa, el río, las flores que planta mi padre y los dibujos que hago. ¿Te parece?

—Bueno.

—Le voy a pedir permiso a mi madre para que tú y el pavo real duerman en casa (ella es muy buena y va a decir que sí). Así descansarán antes de seguir el viaje y tendremos bastante tiempo para charlar.

—Listo.

—Entonces, chao.

Al otro día, cuando Vera salió de la casa, oyó a Alexandre que la llamaba. Corrió hacia el río; se detuvo, asombrada:

—Ya venía a buscarte.

Alexandre saltó fuera del agua:

—Me levanté temprano y pensé que era mejor adelantarme para ir conociendo la granja. ¡Qué maravilla es esto! Ya conocí a tu padre.

—¿Te encontraste con él?

El pavo real avanzó hacia Vera, desplegó el plumaje y se exhibió. Alexandre rió:

—¡Hoy es día de descanso, pavo! No necesitas mostrarte, no tienes que hacer nada; hoy sólo vamos a jugar.

El pavo real se quedó mirándolo muy serio. Vera preguntó de nuevo:

—¿Así que te encontraste con mi padre?

—Sí. Cuando llegué, vi a un señor plantando flores. Le pregunté si era tu papá. Entonces me presenté y también le presenté al pavo real.

—Hmm.

—Tuvimos una charla muy agradable, pero corta; dijo que tenía demasiado trabajo. Le pregunté si podía darme un baño y me dejó —se sentó a la orilla del río y lanzó un hondo suspiro—. ¡Este río es una maravilla!

Vera se sentó junto a Alexandre y metió un pie en el agua.

—Hace calor, ¿no? —se quedó viendo pasar el río, abrazada a un paquete que había traído.

Alexandre la miró:

—Hoy estás diferente.

—Es que me recogí el pelo.

—Te queda bonito. Pero tú estás con cara de quien comió algo y no le gustó.

Ella puso el paquete en el suelo y anunció:

—Les traje algo de comer —cuando extendió el mantel, Alexandre se entusiasmó:

—¡Qué montón de cosas!

Había naranja, banano, pan de trigo y de maíz, queso y jamón. El pavo real se acercó.

Alexandre le desmigajó un poco de pan; puso jamón y queso en el suyo y empezó a comer. Vera se quedó un rato callada, después preguntó:

—¿Cómo hiciste la magia de ayer?

—Siempre hago el espectáculo debajo de un árbol, para que el pavo real se esconda arriba y yo pueda decir que es mágico porque aparece en el aire de repente.

—No, yo estoy hablando del juego. ¿Cómo adivinó que yo le halé la pluma?

—Ah, eso sale como una seda. Siempre es la persona que entorna los ojos y finge que está pensando, pero todo el tiempo me mira fijamente. Yo me quedo tranquilo, con la vista fija en un punto. Cuando el pavo pasa junto al que le dio el tirón, le guiño un ojo: es la señal convenida.

—¿Y los versos? ¿Los hiciste tú?

—Sí. ¿Te gustaron?

—Son bonitos.

—Claro que me costó trabajo que todos rimaran en *on*. Pero salió.

—¿Por qué tenían que terminar todos en *on*?

—Para rimar con pavón.

—Escucha, el tal dru es un idioma muy complicado.

—Es puro bla bla bla. Que es el idioma del pavo real, es invento mío. Lo digo para dar la impresión de que es más genial de lo que es.

—Hmm —miró al pavo real—. Tiene la cabeza ladeada, ¿no?

—Sí. Creo que es el peso del filtro.

El pavo real comía con una prisa pasmosa. Vera empezó a pensar que no sólo a él se le atrasaba el pensamiento... Recordó otra cosa que quería preguntar:

—Ayer, al acabar el espectáculo, el pavo se puso muy raro.

—Es que queda agotado.

—¿Por qué?

—Por el goteo del grifo. No te imaginas el trabajo que fue montar el espectáculo con él. Casi me vuelvo loco.

—Entonces, ¿por qué lo hiciste?

—Bueno, estábamos viajando juntos. Se acabaron la comida y el dinero. "¿Y si cobro por mostrarlo, como hacían los dueños del pavón?", pensé. Y ensayé. Fui a una estación de gasolina, y a los que llegaban lo mostraba y les decía, como esos profesores: "Las plumas de este pavo son extraordinarias; examínenlas, por favor". Las examinaban. Pero nadie daba dinero. Si yo pedía, ellos decían: "¿Qué pasa, muchacho? ¿Quieres ganar dinero sin hacer ningún esfuerzo?" Yo les explicaba que no se puede viajar con hambre, pero ellos contestaban: "Entonces vuelve a casa". Cuando les contaba que la casa de mi madrina estaba muy lejos, decían que debía buscarme una madrina que viviera más cerca. A veces me daban comida. Poca. Poca para uno, mucho menos para dos. Vi que la cosa se estaba poniendo negra. Fue cuando inventé el espectáculo. Sé que a todo el mundo le gustan los espectáculos, y si gustan, pagan. Pero ¡qué problema! Para hacer las cosas bien, el pavo tenía que pensar: "Ahora hay que hacer esto; después hay que hacer eso". Con lo del goteo del grifo, a veces tardaba tanto tiempo para pensar cualquier cosa, que la sola magia del tirón de pluma duraba cinco horas y media. ¿Crees que el que está echando gasolina va a esperar cinco horas y media para que adivine quién fue? Vi que la única salida era repetir toda la vida las partes del pavo, para que las aprendiera de memoria o hiciera el espectáculo sin tener que pensar. Pero hubo un momento en que me eché a llorar: pensé que moriría sin aprender. Es que esto del pensamiento atrasado no es fácil. Aun después de haber aprendido, el pavo tiene que esforzarse tanto para no equivocarse, que cuando el espectáculo termina, está super-cansado y se atonta —desmigajó más pan para el pavón. Se comió la naranja y el banano con el ceño fruncido, pensando—. Pero fíja-te: se atonta porque con la saltadera, el baile y el balanceo, el filtro se sacude demasiado y el grifo se cierra.

—¿Haces la función todos los días?

—Si no es así, no alcanzaría ni para un pan.

El pavo real saltó, espantado: había pico-teado una lombriz (continuaba asustándose sin motivo). Buscó algo más para comer; no encontró. Alexandre levantó el mantel. ¿No habría unas sobras? No había. Vera quedó sorprendida ante la velocidad con que des-apareció la merienda. Los tres se quedaron mirando el mantel vacío.

De repente, el pavo real se enderezó, sacu-dió la última pluma del lado izquierdo, y pre-guntó:

—¿Alguien vio a la gata de la capa?

Vera y Alexandre se miraron. El pavón re-pitió la pregunta. Alexandre dijo que no. El pavo real suspiró tembloroso y se fue bajo un árbol. Vera preguntó:

—¿Quién es la gata de la capa?

Alexandre cuchicheó:

—Es una gata que él adoraba.

Se quedaron mirándolo, Alexandre pensando en la gata, Vera tomando valor para decir algo que tenía guardado; de repente dijo:

—Ayer conté en casa la historia de ustedes y, ¿sabes?, no va a ser posible.

—¿Qué?

—Lo que te dije: que almorzaran y comieran con nosotros y que durmieran allá. No se puede. Me dijeron que les puedo traer comida y que pueden quedarse en la granja esta noche. En esa casita. No allá.

—Hmm.

—Es la casita de las herramientas, pero está bien. Mi padre dijo que podías dormir allí si querías, pero que en casa no.

—¿Por qué?

—Bueno, es que... —suspiró. Se quedó callada.

—Habla.

—Es que dijeron que, por el aspecto, ¿sabes...? No eres muy buena compañía para mí.

—¿Por qué?

—Bueno, mi padre dijo, quiero decir, los dos dijeron que tú eras... ¿Cómo dijeron exactamente...? Ah sí, un niño diferente a mí.

—¿Diferente cómo?

—Es que, bueno, dijeron que eres un niño vagabundo.

—¿Y quién les dijo eso? ¿Quién?

—Por favor, no te enfades. Dijeron eso porque viajas solo.

—¡Solo no! Me acompaña el pavo real.

—Por eso: piensan que un pavo real es muy bonito, pero es poca compañía si estás de viaje.

—Bueno, yo debía venir con Augusto, pero él se fue a São Paulo a trabajar en una fábrica. ¿Qué podía hacer yo? —de repente dejó de hablar, sintió que lo echaba de menos.

—Augusto es tu hermano, ¿no?

—Mi hermano del medio.

—¡Ah! ¿Tienes más hermanos?

—Sí.

—¿Y también tienes padre?

—¡Claro que sí! —se levantó con actitud decidida—. Tengo madre, tengo casa, tengo todo, no tengo nada de vagabundo —se zambulló en el río. Cuando sacó la cabeza, Vera le pidió:

—¿Por qué no me hablas de tu vida?

Él se zambulló de nuevo. Estuvo bajo el agua pensando si hacerlo o no. Volvió a la superficie.

—¿Me cuentas?

—Está bien —recordó las historias que le relataba Augusto. Casi siempre comenzaban así: "Fulano tenía un amigo, el amigo tenía

70

un perro, el perro tenía los ojos amarillos, los ojos amarillos tenían una pestaña torcida, y un día la pestaña torcida...". Se sentó junto a Vera y le contó—: Allá en Copacabana había un monte, en el monte había unas casas, entre las casas estaba una casucha, en la casucha vivía mi familia, en mi familia estábamos mi

madre, yo, mis dos hermanos y mis dos hermanas.

—¿Y tu papá?

—¿Qué pasa con él?

—¿No dijiste que tenías padre?

—Sí. Pero se puso a beber aguardiente y acabó por volverse un borracho. Ahora no trabaja, no hace nada, vive echado en el suelo.

—¡Mira un pez, un pez!

Los dos se quedaron mirándolo. Fue una pena que pasara tan de prisa, porque no dio tiempo para disfrutarlo. Vera dijo:

—Ayer dijiste que tu casa tenía una vista muy bonita.

—Sí. Cuando abro la ventana del frente se ve el mar, allí abajo. Y desde la ventana de atrás se ve el bosque.

—¿Entonces allá es bonito?

—No, quitando el mar y el bosque, todo lo demás es feo, pobre.

—¿Y tu madre?

—Está siempre lavando y planchando.

—¿Por qué?

—Porque lava para otros, ¡uf!

—Hmm. ¿Y tus hermanas?

—Trabajan de sirvientas en la ciudad, allí abajo.

—¿Y Augusto?

La cara de Alexandre se iluminó, desaparecieron las arrugas de su frente:

—Ah, Augusto es increíble. Lo quiero muchísimo.

Pues sí, Alexandre y Augusto se querían
mucho; había gran diferencia de edad entre
ellos, pero eso no les importaba. Dormían en
el mismo rincón. Y si de noche Alexandre no
podía conciliar el sueño, Augusto le contaba
historias. Lo que más le gustaba era inventar
cuentos, y a Alexandre escucharlos; a veces
se quedaban el uno inventando y el otro oyen-
do hasta el canto del gallo.

Desde pequeño Augusto había vendido
helados en la playa, como le correspondía por
ser el hermano mayor. Un día resolvió:

—Alexandre no va a vender helados como nosotros. Va a ir al colegio. Estudiará hasta hacerse un hombre.

Matriculó a Alexandre, le compró uniforme, cuaderno y libro; lo llevó a clase el primer día, y le habló así:

—Listo, muchacho, ahora pon a funcionar el coco.

Alexandre así lo hizo. Le gustaba la escuela. Daban merienda. Tenía buenos compañeros. Obtenía elogios, le decían que era inteligente, que aprendía con facilidad. Y era verdad. En poco tiempo aprendió un montón de cosas. Y si Augusto no llegaba a casa muy cansado, le enseñaba todo lo que él había aprendido. Decía que estudiaría muchos años, como la gente de allá abajo; dudaba entre ser médico del corazón o de los dientes; tampoco sabía muy bien dónde compraría apartamento, si en Ipanema o en Leblon.

Llegaron las vacaciones y fue a la playa a vender bizcochos para ganar algo de dinero. Cuando comenzaron de nuevo las clases continuó vendiendo, pero sólo los domingos.

Libro, cuaderno, todo se fue poniendo más caro. Una hermana de Alexandre se casó y se fue de la casa (ella ayudaba con los gastos); el hermano mayor contrajo una enfermedad grave y terminó en el hospital. El dinero fue aún más escaso, todo más restringido. Tomaron una decisión:

—Es mejor que Alexandre deje de estudiar y siga trabajando: estaba ganando buen dinero en la playa.

Alexandre no dijo nada; miró a Augusto. Éste resolvió:

—No. Le está yendo muy bien en el colegio, déjenlo allí. La solución es que yo trabaje un poco más.

Y Alexandre continuó estudiando. A mitad de año pasó al curso siguiente. Lo dictaba una profesora nueva, que nunca venía sola: llegaba siempre con una cartera.

LA PROFESORA
Y LA MALETA

La profesora era regordeta; la cartera también. La profesora era joven; la cartera era vieja, estaba medio dañada, y de un lado tenía el dibujo de un niño y una niña tomados de la mano, con la misma ropa, el mismo pelo, la misma sonrisa.

A la profesora le gustaba ver a sus alumnos contentos y apenas entraba en el salón de clase contaba algo gracioso. Después abría la cartera y escogía el paquete del día. Había paquetes pequeños, medianos, grandes; había paquetes envueltos en papel de seda, metidos en bolsitas de plástico; había paquetes de todos los colores; no era casual que la cartera quedara así de gorda.

Sólo por el color del paquete, los niños ya sabían qué iba a suceder. Paquete azul, era día de inventar juegos para integrar a los niños con las niñas; ya no valía ese cuento tonto de que los niños sólo juegan a esto y las niñas sólo juegan a eso otro, o los niños del lado de acá y las niñas del lado de allá. Paquete color rosado, era día de aprender a cocinar. La profesora revolvía en el paquete, entraba y salía del salón de clase y, de repente, ¡listo!, organizaba una cocina con gas y todo. Había que aprender a preparar recetas. (Un día la directora del colegio entró en el salón en el preciso momento en que Alexandre le estaba enseñando a otro niño a hacer unos pastelitos de trigo. Una gran humareda invadía el salón. Todos los alumnos estaban alrededor del fogón, a la expectativa: "¡Le falta sal! ¡Échale pimienta! ¡Usa un poquito de perejil!" La directora sabía que era la hora de clase de matemática. ¿Qué matemática estaba inventando la profesora? No le gustó el invento, pero salió sin decir nada.)

Paquete rojo, era día de viajar: salían del fondo del paquete fotos de todo el mundo;

las cosas se desparramaban por el salón, disponían en filas los pupitres para simular que se viajaba en avión o en tren, y cuando llegaban a las fotos, cada uno contaba todo lo que sabía sobre el lugar.

Había un paquete color burro al trote, que la profesora nunca llegó a abrir. Todos los días lo ponía encima de la mesa, pero a la hora de desempacarlo se quedaba pensando si hacerlo o no, y acababa guardándolo de nuevo.

Paquete verde, era día de aprender a pegar botones, poner cremalleras, hacer dobladillos de pantalones y de faldas. Si el verde era oscuro, era día de aprender a cortar las uñas y el pelo. Verde clarito, era día de componer zapatos. Y había un verde que no era oscuro ni claro, era un verde amarillento, que a los niños les encantaba: era el día que la profesora abría el paquete de historia. Unas historias excelentes.

Había también un paquete blanco que sólo servía para que la profesora lo escondiera y la clase jugara a encontrarlo. Quien lo hallaba, salía a la pizarra a dar clase. Al principio nadie lo buscaba bien: ¡qué cosa tan aburrida dar clase! ¿Y clase de qué?

—Cuéntanos de tu vida, dinos qué sabes hacer.

Con el tiempo, los niños empezaron a buscar bien el paquete: les parecía divertido lo de la clase.

El día que Alexandre lo encontró, resolvió contar a sus compañeros cómo vendía cacahuetes en la playa. En lo mejor de la clase, un grupo de padres que estaba visitando la escuela entró en el salón. Cuando la clase acabó, uno de ellos le preguntó a la profesora:

—¿Usted pretende enseñarle a mi hijo que se gane la vida vendiendo cacahuetes?

La profesora explicó que Alexandre sólo estaba contándoles a sus compañeros cómo era su trabajo, para que todos supieran cómo vivía.

Al otro día se armó un gran enredo: le contaron a Alexandre que había unas personas a las que no les gustaba la cartera de la profesora.

—¿Qué personas?

Uno dijo que era la directora, otro que la otra profesora, otro que el padre de un alumno, otro comentó que era el portero, y hubo tal desorden con lo que unos decían y otros comentaban, que nadie pudo saber nada en concreto.

Unos días después llovió mucho. Lluvia torrencial. Se inundaron las calles, se detuvo

el tránsito en la ciudad, se desmoronaron casas, sucedió de todo. Casi nadie fue al colegio. Pero Alexandre sí. Entró en el salón y vio todo vacío; llovía demasiado para volver a casa y resolvió sentarse a esperar. Horas más tarde llegó la profesora. Venía sin cartera, con aspecto diferente y la cara medio hinchada; no contó nada divertido, no se rió. Se sentó y se quedó mirando el suelo.

Alexandre pensó que no lo había visto:

—¡Hola!

Ella también dijo "Hola", y continuó en silencio. Después de un rato, él se cansó de que ninguno dijera nada, y habló:

—La lluvia te mojó la cara.

La profesora ni se movió. Él preguntó:

—¿Fue la lluvia?

Ella asintió con la cabeza. Alexandre resolvió esperar un poco más. Pero por lo que se veía, la profesora se había olvidado de dar clase. ¿Sería porque no había traído la cartera? Se atrevió a preguntar:

—¿Dónde está la cartera?

La profesora lo miró sin entender muy bien qué le decía. Él insistió:

—¿Dónde está?

—Se me perdió.

Él se asustó:

—¿Con todo lo que tenía adentro?

—Sí.

—¿Con todos los paquetes?

—Sí.

—El azul, el verde, el...

—¡Sí, sí, sí!

¡Qué susto! Ella nunca había hablado así de alto. No preguntó nada más, el corazón le latió fuerte, pero ella continuó quieta, tan quieta que él no pudo aguantar y le preguntó de nuevo:

—¿Y ahora? ¿Cómo vas a dar clase sin la cartera?

—No sé.

—Pero... ¿Sí buscaste bien? —ella asintió con la cabeza—. ¿Pusiste un anuncio en el periódico? Dicen que cuando la gente pone un anuncio, quien encuentra lo perdido lo devuelve —ella no dijo nada—. ¿Lo pusiste?

—Sí.

—¿Nadie la ha encontrado?

—No.

—Entonces, ¿qué vas a hacer?

—No sé.

—¿Sirve de algo que compres los paquetes otra vez?

—No.

—¿Por qué? —ella no contestó—. Responde. ¿Por qué?

—Vienen junto con la cartera; no los venden separados.

—¡Entonces compra otra cartera! —ella se quedó inmóvil de nuevo. Como el tiempo pasaba y seguía así y la cara no se le secaba y no llovía allí dentro y ella estaba cada vez más mojada, él terminó por pedirle:

—Cómprala, ¿sí?

—No se puede, Alexandre. Ya no fabrican esas carteras.

A partir de ahí él no preguntó nada. Ella tampoco habló más. Hasta que sonó el timbre y se terminó la clase.

La situación en casa seguía difícil; los domingos, Alexandre iba a la playa: era día de vender cacahuetes. Después empezó a ir también los sábados. Charlaba con todo el mundo, caía simpático, vendía mucho. Comenzaron las vacaciones. Alexandre pudo ir también los viernes. Los jueves. Los miércoles. Sólo faltaba los días de lluvia.

Cuando estaba llegando la hora de volver al colegio, Augusto se enamoró y decidió casarse. Para hacerlo necesitaba comprar muchas cosas: cocina, muebles, colchón. ¿Cómo haría para que le alcanzara el dinero? Habló la madre de Alexandre:

—¿No sería mejor que Alexandre dejara de estudiar y siguiera trabajando?

Alexandre no dijo nada, sólo miró a Augusto. Habló la novia de Augusto:

—Pues sí. Augusto no va poder ayudar más: tenemos que comprar muchas cosas para casarnos.

Alexandre seguía mirando fijamente a Augusto. La madre, la novia, la hermana, todos dijeron que dejaría de estudiar por poco tiempo. Sólo hasta que Augusto se casara. O hasta que el hermano mayor saliera del hospital. O hasta que alguien de la familia se ganara la lotería. Augusto fue hacia la ventana y contempló el paisaje; después dijo:

—Es por poco tiempo, Alexandre.

Alexandre salió de la escuela. Comenzó a vender helados en vez de cacahuetes. Eran más pesados, pero los pagaban mejor. De noche, se quedaba pensando en sus compañeros de clase, en la profesora (¿habría encontrado la cartera?, ¿alguien habría leído el anuncio en el periódico?), y acababa por desvelarse. Augusto inventaba un montón de historias para distraerlo y hacer que se durmiera, pero Alexandre casi no prestaba atención, no hacía preguntas, no charlaba: se quedaba con los ojos abiertos en la oscuridad, pensando en la cartera y en la escuela. Hasta que una noche Augusto le contó una historia que, desde el principio, le llamó la atención.

—¿Sabes, Alexandre? Nunca te conté: tú tienes una madrina.

—Ya sé. A veces, mamá dice que tengo que ir a ver a doña Zefa, la señora que me bautizó, que ella pregunta por qué no voy allá, que esto y lo otro, pero a mí me da pereza.

—No, yo no estoy hablando de doña Zefa sino de la otra.

—¿Qué otra?

—Tu otra madrina.

—¿Y se puede?

—¿Tener dos?

—Sí.

—Claro que se puede. Y con más razón en tu caso: una vive aquí y la otra bastante lejos.

—¿Como cuánto?

—En el interior, muy dentro de Brasil.

—¿Es del nordeste?

—¡Qué va! Tiene una casa muy bonita. Uno del nordeste no conoce algo así.

—¿Grande?

—Pues no, no es grande, es pequeña. Toda blanca. Tiene cuatro ventanas. Si abres la ventana de un lado ves el mar, abajo; y si abres la del otro lado, ves el bosque. La casa está en lo alto de un monte.

—No entiendo...

—Es un monte pequeño. Muy redondo. Justo al final de un camino. Y está todo cubierto de flores.

—¿Es posible?

—¿Qué?

—Un monte lleno de flores.

—Claro que es posible. Sólo que uno se sorprende cuando va por el camino y al doblar una curva se encuentra de repente con tantas flores. Las hay de todos los tamaños: a ras del suelo, un poco mayores, muy grandes; hay unas tan altas como tú.

—¿Sí?

—Y cuando sopla el viento, es todavía más bonito: las flores se balancean de acá para allá, y no te imaginas el aroma que se respira.

—¡Qué delicia!

—Hay un caminito estrecho que pasa entre las flores y llega a la casa.

—¿Sí? En la oscuridad ni se podrá ver.

—Es así como tú: del tamaño justo para que pases. El camino sigue cuesta arriba, pero da tantas vueltas que avanzas sin sentir siquiera que estás subiendo. De repente, cuando menos lo esperas, te encuentras frente a la puerta de la casa.

—¿De qué color es?

—¿La casa?

—De la casa ya me hablaste. La puerta.

—Adivina.

—Azul. Azul muy oscuro.

—¡Huy! ¿Cómo adivinaste?

—Ah.

—Un azul lindo, lo eligió ella misma.

—¿Mi madrina?

—No, la puerta. Y después de que estaba pintada de azul, sintió que necesitaba un adorno y se puso una flor en el pecho. ¿De qué te ríes?

—¿Desde cuándo una puerta azul tiene pecho?

—Que sí lo tiene. Se puso una flor amarilla aquí, en el medio.

—¿Se abre con facilidad?

—¿La flor?

—No, la puerta. ¿Se abre sin problema, o hay que empujarla, como a la nuestra? ¿Augusto?

—¿Hmm?

—¡Ah, te quedaste tan quieto que pensé que te habías dormido! No te duermas, ¿bueno?

—Bueno.

—¿Hay que empujar la puerta para que se abra?

—¡Qué va! Es una puerta buenísima. Tiene dos llaves, una para abrir por dentro y otra por fuera.

—¿Y eso por qué?

—A tu madrina le pareció mejor: si llegas de repente y la casa está cerrada, no hay ningún problema: basta abrir la puerta y entrar.

—Pero cualquiera puede meterse en la casa, hasta los ladrones.

—No, porque la puerta guarda dentro de la flor, bien escondida, la llave que abre por fuera. Nadie conoce ese escondite; sólo nosotros dos. Quiero decir, sólo nosotros cuatro: tu madrina, tú, yo y la puerta azul. No le cuentes a nadie, ¿bueno?

—Descuida. Pero escucha, Augusto, cuéntame una cosa: si mi madrina escondió la llave para mí dentro de la flor, es porque la llave es mía, ¿no?

—Pues claro.

—Pero entonces... Escucha, siempre que tengo miedo de la oscuridad, de quedarme solo, de trabajar, de tantas cosas, tú dices que me está ganando el pánico. ¿No me dices eso?

—Sí.

—Y un día, cuando te pregunté si alguna vez le ganaría yo a él, dijiste que eso sería

cuando tuviera la llave de la casa en el bolsillo. Me acabas de decir que la llave es mía, o sea que es el momento de que comience a ganarle al miedo, ¿cierto? ¡Eh, Augusto! ¿Te estás durmiendo?

—No.

—Entonces dime, dime.

—¿Qué Alexandre?

—¿Voy a comenzar a ganarle al miedo?

—Bueno...

—¿Bueno qué?

—Bueno, yo hablé de la llave en el bolsillo. Pero en este momento sigue estando dentro de la flor.

—Entonces debo ir ya mismo a buscarla.

—Pues sí.

—¡Vamos de una vez, Augusto!

—Es lejos.

—¿Cuándo vamos?

—En cualquier momento. Cuando vayamos, te va a encantar como se abre la puerta: suavemente, sin hacer ruido, y muy despacio. Ella nunca tiene prisa de abrirse ni de cerrarse.

—¿Cómo sabes? ¿Fuiste allí alguna vez?

—Una vez.

—¿Cuándo?

—Cuando era pequeño, así como tú.

—¿Por qué no me llevaste?

—Eras apenas un bebé, no podías viajar.

—¿Ves? Siempre tienes una disculpa —se quedó pensando por qué no recordaba el día en que su hermano se había ido de la casa. Augusto creyó que Alexandre se había dormido y se dio vuelta para dormir él también. Pero Alexandre le preguntó:

—¿Y qué hiciste cuando la puerta se abrió tan despacio?

—¿Hmm?

—¿Qué hiciste cuando la puerta se abrió?

—Entré de puntillas; estaba todo tan silencioso, que hasta tuve miedo de pisar.

—¿Era de día o de noche?

—Adivina.

—Era de noche. Con una luna menguante que... ¡No, no! Era de día, estaba todo claro, hasta entraba el sol.

—¡Huy! ¿Cómo volviste a adivinar?

—Pues... así.

—Entré despacito...

—¿Estaba mi madrina?

—No vi a nadie.

—¿No había nadie en la casa?

—Creo que no. Estaba tan cansado que me dejé caer en una silla; pero encogió las patas y me tiró al suelo.

95

—¿En serio?

—La silla no me conocía: le pareció un atrevimiento que me sentara en ella sin pedirle permiso. ¿Te estás riendo? ¿Piensas que es mentira?

—¡No!

—La silla es así, como te cuento: se pone furiosa si la obligan a hacer algo sin preguntarle antes si está de acuerdo o no. Pero si la gente es simpática y la trata bien, se pone feliz; cuando uno se sienta, abre los brazos para que estés más cómodo; si uno dice "Hmm, tengo mucho sueño", se estira y baja el espaldar para que puedas acostarte y dormir; y si piensas "No puedo dormir demasiado, tengo que despertarme a las tres", cuando suenan las tres, ¡tantarán!, la silla se levanta, da un salto y, quieras o no, te despiertas.

—¿Ella sabe leer la hora?

—¿Qué no sabe esa silla, Alexandre?

—¿Y allí hay reloj?

—Sí. Frente a la puerta azul. Viejo. Alto. De pie. Buenísimo además para jugar a esconderse dentro de él. ¿Recuerdas el año pasado, cuando mamá estuvo enferma y fuimos a llevarle la ropa lavada a esa señora de Ipanema?

—Sí.

96

—¿Recuerdas el reloj que había en la sala?

—Sí.

—Pues el reloj de la casa de tu madrina es igualito.

—Cuando la criada fue a buscar el dinero, el reloj sonó. ¿Te acuerdas, Augusto?

—Sí.

—Me gustó mucho. ¿El de mi madrina suena igual?

—Mejor. Toca las horas como en un concierto de samba, muy alto; y los minutos como samba de cueva, bajito y casi ronco. Pero mejor que el reloj y la silla es un armario que tiene tu madrina.

—¡Cuéntame!

—Es un armario de madera clarita. Si necesitas ropa de invierno, abres la puerta y la ropa está allí, colgada de una percha. Si se te gastan los zapatos, no hay ningún problema, basta mirar en el estante: el número tuyo, el color que más te gusta, todo perfecto.

—¿Y camisas? ¿También hay?

—En el segundo cajón.

—¿Y calcetines? ¿Y pantalones? ¿Y calzoncillos?

—Cada cosa en su cajón.

—¿Y si te confundes?

—No necesitas saber dónde está cada cosa;

basta pensar "Necesito unos calcetines", y listo: el armario abre el cajón para ti.

—¡Qué armario tan bueno, Augusto!

—Sí. ¿Y sabes? En la cocina hay otro igualito. Sólo que está pintado de blanco. Lo que sale de allí, ¡ah!, mejor ni te lo digo.

—¿Salen cosas feas?

—¿Feas? Lo feo es vivir aquí, pensando si vamos a tener comida o no.

—Hablando de eso, Augusto, siento un hueco en el estómago.

—Duerme, que ya pasará.

—Primero cuéntame qué sale del armario.

—Bueno, ocurre que el armario blanco no quiere que la gente tenga huecos en el estómago; lo abres y salen panes, pasteles, bizcochos...

—¿Salen helados?

—Helados, cacahuetes, unas piñas así de grandes, y esos mangos... ¿Cómo se llaman? Ésos tan ricos con nombre de muchacha...

—Los *Carlotinha*.

—Ésos. Sale de todo del armario. Te aburres de comer y piensas: "Pobre armario blanco: dio, dio, dio, y ahora está vacío". ¡Pues no! Abres la puerta y otra vez el armario empieza a dar de todo.

—¿Helados? *¿Carlotinhas?* ¿Pasteles?

—Todo.

En el estómago de Alexandre el hueco se hizo más grande.

—Augusto...

—¿Hmm?

—¿Podemos darnos un salto a la casa de mi madrina?

—No se puede, Alexandre, está muy lejos.

—¿Ella podrá mandarnos el armario blanco?

—¡Ah, no! Cobran mucho dinero traer un mueble así desde tan lejos.

—Entonces cuéntame más. Pero no me hables del armario de la cocina. Cuéntame otra cosa. Dime algo del mar.

—¿El mar?

—¿No dijiste que una ventana daba al mar?

—¡Ah, sí!

—¿Es bonito?

—Lindo. El agua es tan limpia que se ve el fondo, con los peces que pasan y todo.

—¿Es fría?

—Tibiecita. Pero el día que yo fui, no pude disfrutarla. Hay tantas cosas maravillosas en la casa de tu madrina, que no me alcanzó el tiempo para gozar de todo.

—¿Y el bosque?

—¿Qué?

—Dijiste que la otra ventana daba al bosque. ¿Qué tan grande es? ¿Como la Floresta de Tijuca, a donde fuimos ese domingo?

—Parecido. Pero mejor.

—¡Qué bien!

—Hay unos árboles tan grandes, que si miras hacia arriba, no les ves fin; una cascada, un río que desaparece de repente y aparece de nuevo, una gruta, una caverna, troncos de árboles con agujeros para mirar a través de ellos, muchos misterios que no acababas de descubrir.

—¿Tú viste bien todo?

—No tuve tiempo, era demasiado.

—¿Y las otras dos?

—¿Qué?

—Las ventanas. ¿No dijiste que la casa tenía cuatro? ¡Augusto!

—¿Hmm?

—¿Estás durmiendo?

—¿Hmm?

—No te duermas, por favor. ¿Qué se ve al abrir la tercera ventana?

—No sé.

—¡No la abriste!

—Está trabada, no puede abrirse. Hace mucho tiempo se trabó. Me esforcé por abrirla, pero se resistió la condenada, y eso que tenía muchas ganas de ver qué había al otro lado.

No pude. Después me dijeron que tu madrina ya lo había intentado muchas veces.

—No bromees, Augusto.

—En serio.

A Alexandre le impresionó tanto lo de la ventana, que se quedó pensando, tan quieto, que Augusto se dijo: "¡Vaya, por fin se durmió!" (Augusto había trabajado todo el día y se estaba muriendo de sueño.) Ya se estaba quedando dormido, cuando Alexandre dijo:

—La verdad es que una mujer no tiene suficiente fuerza para abrir una ventana trabada, y tú, que eras pequeño, tampoco debías de tenerla. Es eso. ¿Ves, Augusto? Es eso.

—Sí. Seguro que ahora sí podría abrirla.

—¡Ay, Augusto! ¿Vamos allá ahora mismo?

—Calma, muchacho, en cualquier momento iremos.

—Escucha: ¿y la última ventana? ¿También se trabó?

—No. Pero, ¿te acuerdas cuando estábamos esperando en la casa de la señora de Ipanema el dinero de la ropa lavada?

—Sí. Sonó el reloj. Tan bonito. Nos quedamos mirando la sala, el reloj, la alfombra, la mesa.

—¿Recuerdas cuando volvió la criada?

—Sí. Trajo el dinero y un paquete. Dijo que

era para mamá. La patrona sabía que estaba enferma y por eso se lo mandaba.

—Exacto. Nos fuimos de prisa, locos por ver qué había dentro. Subimos el monte corriendo. Entramos rápido en la casucha. Mamá estaba en cama, bastante mal. ¿Te acuerdas lo dura que fue esa época?

—Yo vivía con ese agujero en el estómago.

—Había amigos, vecinos, y todos vinieron a vernos abrir el paquete. ¿Recuerdas, Alexandre?

—Sí. Dentro había una cortina muy bonita, con listas rojas y blancas.

—Sí.

—Y no sabíamos qué hacer con ella.

—Pues mira, cuando llegué a la casa de tu madrina, casi me caigo de espaldas: la cuarta ventana estaba tapada con la cortina listada.

El corazón de Alexandre latió más de prisa. Sin querer, comenzó a hablar bajito:

—No bromees, Augusto.

—Es la pura verdad.

—Pero, ¿qué hacía la cortina allí?

—Tapaba un misterio.

—¿Qué?

Augusto le habló al oído:

—Tapaba un misterio.

El corazón de Alexandre latía, latía cada vez más de prisa.

—¿Qué misterio, Augusto? ¿Qué misterio?

Augusto estaba tan cansado que se había quedado dormido.

—Augusto. Despierta. ¡No te duermas!

Augusto roncó.

—¡Despierta, Augusto! ¡Despierta, por favor! ¿Qué se veía al correr la cortina listada?

—¿Hmm?

—¿Qué se veía al correr la cortina?

—No la corrí, Alexandre, no tuve tiempo. Cuando me estaba acercando a la ventana oí un ruidito extraño. Le seguí la pista. Bajé unos escalones, abrí una puerta y descubrí que la casa de tu madrina tiene sótano. Estaba oscuro, pero pude ver que hay un montón de cosas allí. Comencé a averiguar de dónde venía el ruido, pero el reloj sambó* las cinco y me acordé de que tenía que estar en casa a las cinco en punto. Decidí averiguar lo del ruidito cuando volviera allá contigo. Salí del sótano, me despedí corriendo del reloj, de la silla, del armario, de tantas cosas buenas; en mi carrera no vi una cartera que estaba junto

---

* Sambar es bailar samba o marcar el ritmo propio de este baile. El reloj, sabemos, toca como en un concierto de samba. *N. del T.*

a la puerta, tropecé con ella, y casi doy de narices en el suelo.

—¿Una cartera? —el corazón de Alexandre saltó—. ¿Una cartera de qué tamaño?

—Así. Más o menos del tamaño de la caja de helados.

—¿Regordeta?

—Sí.

—¿Tenía el dibujo de un niño y una niña tomados de la mano, con la misma ropa, el mismo pelo, la misma risa?

—Sí.

—Augusto, ¿me juras que esa maleta está allá?

—Lo juro. Tropecé con ella, volé afuera de la casa, la puerta se cerró suavemente, guardé la llave dentro de la flor, todos mandaron un gran abrazo para ti y yo prometí que en cualquier momento volveríamos —Augusto ya no aguantó más: se dio la vuelta y se durmió profundamente.

Alexandre estaba tan contento que no se movía. Se quedó con los ojos abiertos en medio de la oscuridad, imaginando la casa de la madrina. Todita. ¡Qué bueno tener una madrina con una casa así! En cualquier momento iría allí, correría la cortina listada, abriría la ventana trabada, descubriría lo del ruido del sótano, tomaría la cartera, se la llevaría a la profesora y le diría: "¡La encontré! ¡La encontré! ¡La encontré!"

Mucho después, cuando por fin se durmió, soñó: estaba corriendo, llegaba, tomaba la llave de la flor y se la metía al bolsillo.

Al otro día fueron a preguntarle a Augusto si quería trabajar en una fábrica de São Paulo. Pagaban bien. Y si renunciaba a las vacaciones, se las pagaban también. Y si trabajaba horas extras, le pagaban el doble. Dos amigos suyos ya habían ido. ¿Por qué no iba él también? Augusto conversó con su novia, lo pensaron y aceptó. A la hora de la despedida Alexandre le preguntó:

—¿Volverás, Augusto?

—Claro que sí.

—¿Cuándo?

—En cualquier momento.

—¿De veras?

—¿Lo dudas?

—Va a ser duro ir solo a la playa a trabajar.

—¡Qué va!

—¡Será muy triste sin ti, Augusto!

—Tonterías, muchacho.

—¿Y si no me duermo de noche?

—Vas a dormir sin problema.

—Nadie sabe contar historias como tú.

—Ya conoces muchas; si el sueño tarda en llegar, te acuerdas de alguna y listo.

—Seguro que no sale bien.

—Cuando vuelva te contaré más.

—¿Y la casa de la madrina?

—¿Qué pasa con la casa?

—¿Cuándo vendrás a buscarme para ir juntos?

—Cualquier día de éstos.

—No te olvides, ¿eh, Augusto?

—No me olvidaré, no.

—¿Me lo prometes?

—Te lo prometo.

—Entonces está bien.

El frío invadió a Río. Había poca gente en la playa. Alexandre iba de Leme a Posto Seis y de Arpoador a Leblon, con la caja de helados al hombro. No vendía casi nada. Se sentaba a descansar mirando el mar. Y pensaba en la casa de la madrina. ¡Qué ganas tenía de darse una vuelta por allá!

Un día, un muchacho se acercó a él y le dijo:

—Ya no es negocio vender helados en la playa, y menos con este frío. ¿Por qué no vas al centro de la ciudad, a la avenida Río Branco?

—¿Hace más calor allá?

—Hay otra clase de negocio: conseguirle taxi a la gente.

—¿Cómo?

—Voy a explicarte: en la avenida hay un movimiento tremendo y un montón de gente que quiere tomar taxi; cuando aparece alguno, las personas corren tras él y se congestiona todo. Entonces haces esto: miras atento y cuando ves llegar un taxi, corres y metes la mano en la manija de la puerta. El primero que la mete gana el automóvil.

—¿Gana? ¿Cómo?

—Se queda con el taxi para algún viajero.

—Pero, ¿dónde están los viajeros?

—¡Esperando en la acera!

—Y si están allí, ¿por qué ellos mismos no meten la mano en la manija de la puerta?

—A ver si entiendes, muchacho: para meter la mano en la manija tienes que pararte en medio de la calle, empujar, correr, mantener el ojo alerta, esquivar automóviles, autobuses, todo lo que esté en circulación. ¿Crees que los viajeros van a hacer eso?

—Hmm. ¿Y entonces?

—¿Cómo que entonces? El viajero te da una propina, se va en el taxi y te quedas vigilando otra vez hasta encontrar otro automóvil.

—¿Y da mucho al final del día?

—Dicen que sí.

—Entonces mañana voy para allá.

Y fue. Eligió el lugar más congestionado de la ciudad. Ya había cuatro muchachitos "trabajando" en aquel sitio. No les gustó ver llegar a Alexandre (cuantos más trataran de tomar el mismo taxi, tanto más difícil para ellos era conseguirlo). Lo empujaron, se burlaron de él, hicieron todo lo posible para que se fuera. Pero como la vida en la playa estaba tan dura, Alexandre quería ver si ganaba un poco más y se quedó.

No era fácil. Tenía que evitar que lo atropellaran, escapar de los empujones, estar alerta a tantas cosas, que llegaba a casa con la lengua afuera. Fue en esa época que comenzó a pensar cada vez más en la casa de la madrina. A veces se quedaba inmóvil en medio del caos de la avenida Río Branco, con ojos desorbitados. Parecía estar alerta para tomar un taxi, ¡pero no! Veía, en su cabeza, todo lo que salía del armario blanco, del sótano, del armario de madera clarita...

Cuando llovía, las cosas se ponían aún más difíciles: los taxis se esfumaban, aumentaban las peleas, y si él no intervenía en ellas volvía a casa sin un centavo. Y encima de todo, mojado. Decidió que cuando estuviera en la casa de la madrina no saldría en día de lluvia. Podía llover un mes, dos, tres. Él no saldría.

Se quedaría dentro de la casa, a sus anchas, sin mojarse. Tendría a su disposición el armario, siempre con comida, y el otro, siempre con ropa, y el sótano lleno de cosas para jugar, y la silla que se estiraba para echarse una siestica. Se despertaría sólo para oír cómo la lluvia caía afuera. Podía llover hasta seis meses: le importaba un comino. Estaría bien resguardado allí dentro. Hasta un año podía llover.

Alexandre juntaba las propinas de los viajeros, y a la hora del almuerzo iba a un sitio cercano y pedía un café con leche, pan y mantequilla. Disfrutaba ese café al máximo; una hora antes de almorzar su mente ya estaba mezclando la casa de la madrina con el café con leche que tomaría después. Un día llovió tanto que estuvo el día entero en la calle; pasó la hora del café con leche, oscureció, siguieron de largo cientos de taxis y él no consiguió atrapar ninguno. Regresó a su casa tan desanimado que resolvió lo siguiente: "Si Augusto no vuelve antes de que termine el verano, me marcho solo a la casa de mi madrina".

Llegó el verano y la playa se llenó de nuevo. Alexandre fue otra vez a vender helados. Caminaba a la orilla del mar; miraba a las muchachas que pasaban; pateaba alguna pelota que arrojaban cerca. Como antes, cuando estaba Augusto. Sólo que pasó el verano y Augusto no volvió. Entonces, un domingo, Alexandre resolvió que la caja de helados le serviría de maleta, y se marchó solo a la casa de la madrina.

Vera se levantó de repente:

—Me tengo que ir, se me hizo tarde; le dije a mamá que estaría aquí sólo un momento.

—Ay no, quédate un rato más.

—Me está esperando; no me gusta retrasarme cuando me están esperando.

—La clase es por la tarde, ¿no?

—Pero hoy es el día de ir con mamá a comprar comida. Papá lleva flores al mercado y la gente aprovecha paraque él la lleve.

Alexandre quedó desconcertado. Tanto río, tantos árboles, tantas cosas de que conversar, ¿y ella se iba? ¡Caramba! Vera miró hacia la casa y suspiró:

—Quisiera quedarme, pero mamá dijo: a las diez aquí. Mira —le mostró el reloj—, son las diez.

—Si ella dijo a las diez y ahora son las diez, ¿cómo así que estás retrasada?

—Porque cuando llegue ya habrán pasado.

—Apenas un minuto.

—Para ellos no es así. Les importa mucho la puntualidad. Mira, este reloj me lo regalaron en Navidad. Así de grande, para que vea bien la hora y no me retrase nunca. En casa todo está marcado por el reloj: almuerzo, merienda, comida, hora de dormir, de estudiar, de conversar; hay un reloj en la sala, otro en la cocina, uno en la habitación, otro pequeño en el cuarto de baño; hasta la camioneta de mi padre, que no tiene radio, tiene reloj, y mi madre, en vez de reloj de pulsera, tiene uno en el dedo, como un anillo —oyó al padre que la llamaba; se volvió. Alexandre también miró:

—¿Qué está diciendo?

—Que ya son las diez y un minuto. Chao. Vendré después de la escuela y traeré más comida para ti y el pavo real.

—Bueno.

—No te vayas. Espera a que yo vuelva, ¿sí? —y salió corriendo.

Alexandre y el pavo real parecían los dueños de la granja. Al pavón le encantó no verse en la obligación de viajar: tenía las piernas molidas de tanto andar; hay que ver cómo durmió. Alexandre, por su parte, trepó a un árbol, se dio otro baño en el río y examinó todas las flores. Después vio que podía espiar por las ventanas. Miró desde afuera el interior de la casa. Vio varios dibujos de Vera colgados en la pared: un árbol, un animal, gente, caminos pintados con colores muy bonitos. Espió la sala. Vio que habían dejado la mesa preparada para el almuerzo. Descubrió el lugar donde Vera se sentaba; sólo podía ser ése: la servilleta estaba metida en una argolla con cara de conejo. Dio una vuelta a la casa. Espió la cocina. Había fruta, tomates, pan, zanahorias, papas, cebollas, y una gallina de juguete con un agujero en la espalda, llena de huevos. "¡Increíble! ¿Y ella fue a comprar todavía más comida?" Resolvió mirar de nuevo los dibujos. Sintió que echaba de menos a Vera. ¡Mucha compra, mucha escuela, muchas horas faltaban para que regresara!

—¡Hola!

—Hola. ¡Uf, casi no llego a tiempo! —Vera se sentó al lado de Alexandre y recobró el aliento—. Corrí muchísimo —desenvolvió un mantel. Había traído pan, queso y bizcochos. Gritó—: ¡Pavón!

El pavo real se sobresaltó. Cuando comprendió que lo habían llamado para comer, corrió. Pero como continuaba ensayando cada paso que daba, se turbó en la carrera, cayó, se levantó, corrió otra vez, cayó de nuevo, y cuando consiguió llegar junto al mantel, se puso a comer con la misma prisa de siempre.

Vera le contó a Alexandre todo lo que había hecho, y después le preguntó:

—¿Qué pasó cuando el pavo real se encontró con el tal João de las Mil y Una Novias?

Alexandre estaba comiendo tres bizcochos a la vez.

—¿Hmm?

—Pensé en eso no sé cuántas veces en la escuela. ¿No dijiste que el día que se abrió el grifo, el pavo real te contó un montón de cosas de su vida?

—Hmm hmm.

—¿Qué pasó cuando se encontró con el marinero?

De repente el pavo hizo un gesto distraído y dijo con el pico lleno:

—João de las Mil y Una Novias.

Vera lo miró, pero el pavo real no dijo nada más; continuó picoteando el pan. Cuando Alexandre vio que se había acabado la comida, se acostó en la hierba y contó el resto de la historia del pavo.

El día en que el grifo del filtro se abrió por completo de nuevo, el pavo real comenzó a pensar normalmente. Siempre que pensaba normalmente le daban ganas de viajar; esa vez aprovechó un momento en que ninguno de sus cinco dueños estaba cerca, y fue al puerto a ver si pasaba algún barco. El que pasó fue un marinero llamado João de las Mil y Una Novias. Pasó con una novia de la mano. Ninguno de los dos había visto nunca un pavo real, y menos uno tan raro como ése. Se detuvieron a mirarlo:

—¡Qué belleza!

El pavo real agradeció los cumplidos y aprovechó para preguntar:

—¿Saben si hay algún barco que esté a punto de zarpar?

El marinero contestó:

—Mi barco saldrá dentro de poco.

Era un barco grande, pintado de gris y blanco, con una franja roja en el medio. El nombre del barco también estaba escrito en rojo: *Ven Conmigo*. El pavo real no lo pensó dos veces: fue. El marinero lo llamó:

—¡Oye! ¿A dónde vas?

—Me voy con ustedes.

João corrió tras él:

—No puedes. Mi barco es de carga, no llevo pasajeros.

—Ah, no bromees.

—Recoge mercancías en cada puerto; no hay sitio para pasajeros.

El pavo real quedó muy desilusionado. La novia de João cuchicheó algo al oído del marinero; éste se volvió hacia el animal y le dijo:

—Mira, mi novia dice que tus plumas son muy lindas y quiere que le regales una. ¿Se la das?

El pavo se disgustó: arrancarse una pluma dolía mucho y no estaba dispuesto a hacerlo; se disculpó:

—Otro día, ¿bueno?

La novia insistió, dijo que nunca había visto algo tan lindo, comentó que las plumas del pavo real daban suerte, hasta hizo pucheros. El pavo real, a quien no le gustaba ver llorar a la gente, suspiró:

—Está bien. Puedes arrancarme una.

João eligió la más bonita y tiró. El pavo apretó el pico y aguantó firme el dolor (quiso hacer de héroe). La novia quedó tan feliz con el regalo, que no paraba de besar al marinero. El pavón se disgustó más aún, la pluma era suya, el dolor lo había sentido él, ¿y era a João a quien ella besaba?

El marinero estaba feliz: ¡a su novia le había encantado el regalo! Y un regalo así sí que era bueno: no costaba dinero, no daba trabajo conseguirlo... Tuvo una idea, puso cara de inocente y le preguntó al pavo real:

—¿Quieres decir que te gustaría viajar en el *Ven Conmigo?*

—Querer quiero, pero tú dijiste que no puedo.

El marinero fingió enfadarse:

—¡Tonterías! Claro que puedes. Deja eso en mis manos.

—Pero...

Qué pero ni qué nada. João no dio tiempo

121

a que siguiera hablando: abrió un saco de viaje, lo metió dentro, se cargó el saco al hombro, el barco dio la señal de partida, la novia se quedó dando adioses con la pluma, João escondió el saco bajo la cama, y sólo cuando el barco ya estaba en alta mar sacó al pavo real y le explicó:

—Yo soy un tipo muy bueno, ¿sabes? Vi lo triste que te pusiste cuando dije que no podías embarcar. Por eso resolví traerte y esconderte bajo mi cama. Está prohibido llevar pasajeros, y al capitán no le gusta que haya animales en el barco, pero no te preocupes, no le contaré a nadie que estás aquí. Y además, te traeré comida y bebida todos los días; así no necesitarás salir de tu escondite. ¿Ves qué bueno soy?

Al pavo real no le estaba gustando esa historia: primero, porque casi había muerto asfixiado dentro del saco; segundo, porque quería viajar, ver el mundo, no ocultarse. Arrugó un poco el ceño:

—No me gusta esconderme.

—Tonterías. Mira, soy tan bueno, que voy a repartir mi comida contigo. Postre y todo. Y además, soy amigo del cocinero. ¿Qué te gusta comer? Dímelo; hablaré con él para que te prepare algo especial.

El pavo real desarrugó el ceño: ¿cómo enfadarse con alguien que hasta el postre compartiría con él? El marinero dijo entonces:

—Sólo hay algo que voy a pedirte: una pluma para mis novias.

El pavón no entendió bien:

—¡Huy! ¿Tienes más de una novia?

—Claro.

—¿Cuántas?

—Pocas.

—¿Cuántas?

—Uf, no las he contado. Pero tú sabes cómo es eso, ¿no? Soy un buen tipo, me gusta hacerles un regalo y verlas contentas con lo que les doy. Mira, no soy de los que hacen elogios vanos, pero te diré que tus plumas son muy bonitas; cosa fina, de lujo. ¿Y sabes qué pasa, no? Un regalo tan fino cuesta caro, los marineros ganamos poco y no podemos pagarlo: por eso tienes que colaborar. ¿De acuerdo? —dijo esto y salió con toda la frescura del mundo.

—¡No estoy de acuerdo! —gritó el pavo real.

João se detuvo, preocupado:

—¿Qué te pasa? ¿Qué mosca te picó?

—Ninguna mosca: simplemente no acepto. Duele. Arrancar plumas duele hasta las lágrimas. Además, la pluma es un pedazo de mí; no puedo estar dando pedazos míos a todas horas; acabaría por desaparecer.

—¿Qué dices? Pedazos de ti, ¿qué? La pluma es un adorno, nadie precisa de tantos adornos.

—¡Nada de adornos! Nací así; la gente nace con las partes que necesita para vivir, y si me arrancan las plumas seré un desgraciado: me moriré de frío, de viento, de enfermedad, de rareza.

El marinero se puso furioso:

—Te escondo debajo de mi cama, comparto mi comida contigo, me arriesgo a tener una bronca con el capitán, ¿y ahora me vienes con el cuento de que no me darás plumas para mis novias?

Eso al pavo real no le gustó. No le gustó ni un poquito. A fin de cuentas, el grifo del filtro continuaba todo abierto y su pensamiento discurría normalmente. Si el pensamiento estaba normal, ¿cómo iba a dejar que otros se aprovecharan de él y lo tomaran por tonto?

—Escucha bien, tú me trajiste a la fuerza, yo no te pedí que lo hicieras. No hubiera aceptado viajar en *Ven Conmigo* a sabiendas de que era para estar escondido. Armaste toda esta historia para que pensara que me haces el mayor favor del mundo y que por eso debo quedar desplumado para pagarte. Pues no me quedo. No acepto. Voy a hablar con el capitán y le diré que entré aquí engañado. Voy a pedirle que me baje en el próximo puerto. ¿No te parece bien? ¡Allá tú! —e hizo un brusco balanceo con la cabeza. ¡Pero qué! El filtro también se balanceó, el grifo se fue todo hacia el otro lado y se cerró completamente la entrada del pensamiento del pavo. Él se adormeció (quedó como al terminar el espectáculo de Alexandre) de inmediato.

João creyó que se había desmayado. Le ató las piernas y lo escondió bajo la cama. Al día siguiente, cuando vio que había abierto los ojos, le preguntó con voz reblandecida:

—¿Estás bien?

El pavo real repitió:

—¿Estás bien?

—¿Sí?

—Sí.

João lo encontró tan tranquilo, tan diferente, que resolvió volver a la carga con el asunto de las plumas:

—¿Y las plumas?

—¿Plumas?

—¿Me darás las plumas que quiero?

El pavo real bostezó (el mar daba sueño).
João insistió:

—¿Sí?

—¿Sí?

—¡Sí!

—¡Sí!

El grifo había vuelto al lugar de costumbre; el pensamiento del pavo real goteaba ligeramente. De nuevo haría todo lo que le ordenaran, repetiría lo que otros dijeran, ya no diría: "¡No acepto!, ¡no quiero!" Podían tomarlo por tonto otra vez.

El barco atracó en el puerto. João dijo "¿Con permiso?", y "¡Ay!", le arrancó una pluma al pavón. En otro puerto "¡Ay!", "¿Te dolió?", y otra pluma.

El tiempo se puso malo, hubo un vendaval, vino una tempestad. El barco cabeceaba tanto que parecía que iba a irse a pique. El pavo real rodaba de acá para allá debajo de la cama y se sentía morir de náuseas, no comía, no bebía, sólo se recuperaba cuando el *Ven Conmigo* llegaba a un puerto, pero allí, "¿Con permiso?", decía João, "¡Ay!", se quejaba el pavo, y perdía otra pluma. Otro puerto y otra pluma, otro puerto y otro "¡Ay!" João de las Mil y Una Novias salía con una novia

distinta en cada puerto y había tantos puertos que él ya ni sabía cuántas novias tenía. "¿Con permiso?", "¡Ay!", había tantos puertos que, cuando un día el *Ven Conmigo* llegó a Brasil, al pavo real sólo le quedaba una pluma, maltratada y caída; a su paso la pluma barría el suelo.

El barco atracó en el puerto de Rio de Janeiro y João salió en busca de su novia carioca. Esta vez no le ordenó al pavo real quedarse bajo la cama: estaba tan desplumado que ya no le interesaba.

El pavo estaba tan débil, casi de muerte, que salió a cubierta para tomar un poco de aire y de sol; andaba sin dirección y estaba tan flaco que ni podía moverse; rodó por la escalera del barco y cayó al muelle. Su aspecto era tan raro que la gente se resistía a contemplarlo. Pero al rato pasó un hombre, miró la única pluma que le quedaba al pavo, y se detuvo: ¡epa! Era un veterinario, un médico de animales, y los conocía a todos muy bien. Se dio cuenta de que el pavo real estaba enfermo y maltratado, pero que era un animal poco común. Lo llamó (con el grifo goteando bastaba llamarlo y él acudía) y lo llevó a su casa.

¿No es casualidad que el veterinario también se llamara João?

João II le hizo un tratamiento serio: buena comida, ejercicios, medicinas, masajes. El pavo real sintió que la vida en tierra firme era mucho mejor que en alta mar: ni punto de comparación. Las plumas le nacieron otra vez, engordó, volvió a ser el mismo de antes, se fue habituando al nuevo dueño, y cuando recuperó su salud y su belleza, el veterinario lo vendió al zoológico por una fortuna.

Allí, el pavo real repitió la vida del tiempo de los cinco dueños. Pasaba el día entero de aquí para allá, mostrándose a los visitantes del zoológico. Se exhibía. Desplegaba el plumaje. A veces se quedaba mirando la alta cerca con ojos perdidos, como quien no está pensando en nada.

Una tarde muy bonita —era un jueves—, cuando nadie esperaba que ocurriera algo así, robaron al pavo real.

El ladrón del pavón se llamaba Joca; era un hombre muy viejo al que todo el mundo trataba de don.

Desde hacía muchos años don Joca trabajaba como guardián del zoológico. Era un hombre correcto y hacía bien su trabajo. El día que desapareció el pavo real sospecharon de muchas personas, pero no de don Joca:

si no era capaz de robar ni un botón, ¿cómo iba a robar un pavón? Pues sí. Pero lo robó. Por lo siguiente: desde niño don Joca tocaba el pandero en la batería de una escuela de samba. Cuando joven tuvo mucho éxito: daba cabriolas, lanzaba el pandero por los aires, hacía piruetas, a todo el mundo le gustaba verlo. Pero a medida que se fue haciendo viejo, lanzaba el pandero, ¿y quién podía asegurar que volvería a sus manos? Bastaba que hiciera alguna pirueta para que se le enredara una pierna con la otra y cayera al suelo. En la escuela le ordenaron:

—Olvídese de las piruetas y las cabriolas y no lance el pandero, don Joca. Limítese a batucar* y listo. ¿De acuerdo?

Don Joca obedeció. Lo más importante para él en la vida era formar parte de la banda de la escuela. No tenía familia, vivía en una casita muy pobre, ganaba poco dinero, el trabajo en el zoológico era aburrido, la gran diversión era salir con la escuela en carnaval. Por eso hacía todo lo que le di-

---

* Batucar significa, en este caso, tocar batería. Pero también tiene que ver con batuque, como se llaman las danzas africanas al ritmo de instrumentos de percusión. Batucada se refiere, en general, a los grupos que tocan samba en las calles con el mismo tipo de instrumentos, en especial en tiempo de carnaval. *N. del T.*

jeran y aceptaba cualquier cosa con tal de continuar tocando.

Pasó el tiempo. Don Joca se volvió todavía más viejo y empezó a batucar mal. Un día, cuando llegó al ensayo, le dijeron:

—Ya no podemos seguir así, don Joca. Esto del batuque es cosa de jóvenes. Aproveche el carnaval para quedarse en casa descansando. ¿De acuerdo?

Don Joca se fue con la cabeza baja. De pura tristeza no durmió en toda la noche. A cada rato los vecinos oían el mismo ruidito —pin—: era una lágrima de don Joca que caía al suelo.

Al día siguiente, en cuanto llegó al zoológico, don Joca fue a ver al pavo real (solía decir que, para curar la tristeza, la gente debe mirar cosas bonitas). Lo miró y lo miró. De repente tuvo una idea absurda, que se asustó y no quiso pensar en ella otra vez. Empujó la idea hacia lo más hondo del pensamiento, pero ella insistió y volvió. Y lo convenció. Era la idea de robar el pavo real. Por la noche, don Joca fue a la escuela de samba, reunió a todos y habló así:

—El asunto es éste: nuestra escuela es pobre y nunca hace buen papel en el carnaval; si tuviéramos una figura destacada sería diferente, pero alguien así necesita un disfraz de lujo; un disfraz de lujo cuesta una fortuna, y quien tiene dinero va a la Escuela de Salgueiro, o a la de Mangueira, y le hace ascos a una escuela como la nuestra.

—¿Qué quiere decir con tanto bla bla bla, don Joca?

—El asunto es éste: si dejan que siga tocando el panderito, como toda la vida, conseguiré una figura especial para nuestra escuela.

Los que lo oían quisieron saber de quién se trataba. Don Joca mostró una foto del pavo real (le habían tomado varias en el zoológico; él pidió una, nadie le dijo que no). Todos quedaron fascinados (era una foto en colores y el pavo real lucía maravilloso); no lo podían creer:

—¿Usted lo trae como estrella nuestra, don Joca?

—Mañana mismo.

—¡Trato hecho! —y se dieron un apretón de manos.

Don Joca fue a su casa con la cabeza alta. No durmió en toda la noche. Se quedaría en la batería, iba a batucar en el carnaval con su pandero; de repente —¡pin!—, una lágrima suya cayó al suelo.

Al día siguiente el corazón de don Joca se despertó haciendo un ruido tremendo, ¡to-cotón! Estaba nervioso. Nunca había robado un botón y ahora —¡to-co-tón!— ¿iba a robar a un pavón? Lo robó. Fue realmente fácil. Como él era el guardián, vigilaba a todo el mundo, incluido el pavón. Escogió un buen momento; le explicó al pavo real que ahora ellos vivirían juntos, que sería muy divertido. El pensamiento del pavón goteó un poquito. Respondió, también cuchicheando:

—Muy divertido —y listo: se fue con don Joca.

La vida del pavo real dio un gran salto para abajo. Don Joca era pobre, la comida era poca, todo era escaso; sus amigos también eran pobres, sólo conocían perros callejeros, cerdos y canarios de jaula, nunca habían visto un animal tan fino y tan bien cuidado como el pavo real. Preguntaron a don Joca:

—¿Muerde?

Don Joca, con un miedo terrible de que el pavo real se pusiera a hablar, respondía:

—¡Es una fiera! No te le acerques, no te le acerques.

Don Joca iba a trabajar al zoológico y dejaba encerrado en su casa al pavo real.

—Quédate bien quieto, ¿bueno? Trata de dormir.

El pavo real obedecía, claro está. Se quedaba quieto, encogido, junto al baúl de los disfraces.

El baúl era pequeño pero estaba repleto. Bastaba abrir la tapa y la casa quedaba oliendo a carnaval. Don Joca guardaba allí todos los disfraces que había usado: marinero, pirata, legionario, rey zulú, surfista, esclavo, de todo. Muchas veces, cuando salía a trabajar, sentía lástima de dejar al pavo real tan solo y encerrado, abría el baúl y desparramaba los disfraces a su alrededor para que tuviera compañía. Los acomodaba como si fueran personas: el esclavo con el brazo levantado, el rey zulú con las piernas cruzadas, el surfista sobre una silla que simulaba una ola. De tanto mirar los disfraces, el pavo real se familiarizó con ellos y comenzó a disfrutar de su compañía. Llegó inclusive a charlar con el surfista, con el pirata, con todos. Era una charla goteada, pero mejor que nada:

—Hola —decía después de un buen rato—: ¡Tengo una sed! —esperaba unas dos horas y preguntaba—: ¿Y tú? —tres horas más tarde suspiraba—: ¡Tengo un hambre! —suspiraba de nuevo, cada vez más tembloroso—. ¿Y tú? —y de charla en suspiro se distraía y pasaba el tiempo. Pero cuando era época de carnaval, la vida de don Joca y el pavo real mejoraba muchísimo. Todas las noches se reunían con los músicos de la banda a ensayar, cantar, bailar. Había mucho movimiento, música, una enorme alegría, todos participaban de la fiesta y desaparecían el aburrimiento, la pobreza y la melancolía.

La noche del desfile los espectadores en la avenida aplaudían al pavo real (desfilaba con máscara, claro, pues de otra forma sospecharían que era el pavo del zoológico), y todo era felicidad mientras duraba el desfile.

Pero después acababa la fiesta.

Hasta que un buen día sucedió algo muy molesto: don Joca se quedó más sordo que una tapia. Golpeaba el pandero sin escuchar ya ningún sonido. Pensó que tal vez nadie lo advertiría, ¿pero cómo no iban a hacerlo? Si una persona toca diferente en un grupo, confunde a las demás. Lo llamaron:

—Nos da mucha lástima, don Joca, pero esta vez ya no es posible. Es mejor que se vaya y toque el panderito en casa. ¿De acuerdo?

Creyeron que don Joca se iría, pero dejaría al pavo real. Entendieron mal. En cuanto le ordenaron marcharse sucedió algo sorprendente: comenzó a sentir gran arrepentimiento por haberlo robado del zoológico. Se puso a pensar en los niños que irían a verlo y, pobrecitos, no podrían. Fue tal su arrepentimiento, que resolvió devolver el pavo.

guiente anuncio en el periódico:

Se necesita un paso real para pasear por la
grama (inglesa) de un jardín, de las 8 a.m. a las
10 p.m. Casa de trato agradable. Se paga bien.

Don Joca leyó el anuncio el mismo día que
pensaba devolver el pavo real al zoológico.
Inmediatamente después leyó la noticia de
un médico que estaba haciendo ruidosas operaciones del oído: quien era sordo, terminaba escuchando hasta el vuelo de una mosca.
La operación era cara y él no tenía dinero.

En Copacabana vivía frente al mar una familia en una casa muy linda, con azulejos por-
tugueses y tejas francesas. Era una de las úl-
timas casas que quedaban: todas las demás
habían sido derribadas para levantar edifi-
cios de apartamentos. La casa estaba en medio de un hermoso jardín cubierto de grama
inglesa. La familia mandó traer flores holan-
desas para plantar alrededor. Después levantó un muro muy alto para que nadie moles-
tara, y consiguió un perro pastor alemán que
permanecía atado con una cadena, para que
ladrara y asustara a quien pretendiera entrar.
Los amigos de la familia dijeron que un

gramal así, tan bonito, necesitaba un lindo animal como el pavo real, que se paseara de acá para allá. Con ese fin publicaron el siguiente anuncio en el periódico:

Se necesita un pavo real para pasearse por la grama (inglesa) de un jardín, de las 8 a.m. a las 10 p.m. Casa de trato agradable. Se paga bien.

Don Joca leyó el anuncio el mismo día que pensaba devolver el pavo real al zoológico. Inmediatamente después leyó la noticia de un médico que estaba haciendo exitosas operaciones del oído: quien era sordo, terminaba escuchando hasta el vuelo de una mosca. La operación era cara y él no tenía dinero. Fue entonces, cuando, de repente, sucedió algo sorprendente: su arrepentimiento comenzó a desaparecer. Pensaba en los niños que irían a ver el pavón al zoológico, y gruñía:

—Si hay tantos animales, ¿para qué necesitan ver también el pavo real?

Cuando su arrepentimiento desapareció por completo, tomó al pavón y los dos atravesaron la ciudad.

Llamó a la puerta de la casa de Copacabana, el pastor alemán ladró, salió la familia, y quedó fascinada con el pavo real: en seguida notó que era un ejemplar extranjero muy fino. Preguntaron cuánto costaba y don

Joca se golpeó el oído para indicar que era sordo; el dueño de casa frotó el pulgar con el índice, y como don Joca sabía que hay gente a la que sólo le gustan las cosas muy caras, pidió un dineral por el pavo real, y la familia se entusiasmó con el precio; pero como era muy pobre le ofrecieron la mitad pensando que aceptaría, y como don Joca era muy pobre, aceptó.

Don Joca y el pavo real se abrazaron y nunca más se volvieron a ver.

El pavo real se paseaba por el gramal el día entero. Muy lentamente. ¡Lindo! Allá vivían sólo él y el pastor alemán. Cuando el pavo se le acercaba, el perro se ponía a ladrar. Como el pavón le tenía mucho miedo, aprendió a no pasar cerca de donde estaba amarrado. Un criado traía agua y comida para los dos; después se marchaba. La familia salía de viaje, se ausentaba. El muro era bien alto. No había nada más. Nadie.

El pavo real comenzó a sentir algo malo dentro de sí. Algo así como hambre, sed, frío. No sabía del todo qué era, porque no razonaba bien. Pero sentía esa cosa mala. Eran ganas de tener un amigo, una amiga; estaba demasiado solo. Cuando las ganas apretaban, se paraba en medio de la grama inglesa y daba gritos. Pero no aparecía nadie. Entonces se iba a dormir desde muy temprano. Una noche el perro ladró tanto que lo despertó. Era una noche de luna llena, tan blanca que iluminaba todo. El pavo vio con claridad cuando la gata de la capa entró en el jardín.

La gata de la capa andaba siempre envuelta en una capa impermeable abotonada hasta el cuello, que arrastraba por el suelo. La capa tenía capucha. La gata se cubría con la capucha y se levantaba el cuello, como queriéndose esconder. Y en realidad eso buscaba: ocultarse.

La gata era muy bonita, pensaba normalmente, y tenía un modo de caminar que era una delicia: parecía una lenta gimnasia; hablaba bajo, con una voz medio ronca que daba gusto oír. Aún así, nadie quería saber nada de ella, simplemente porque era callejera. Decían que quienes callejean tienen pulgas y

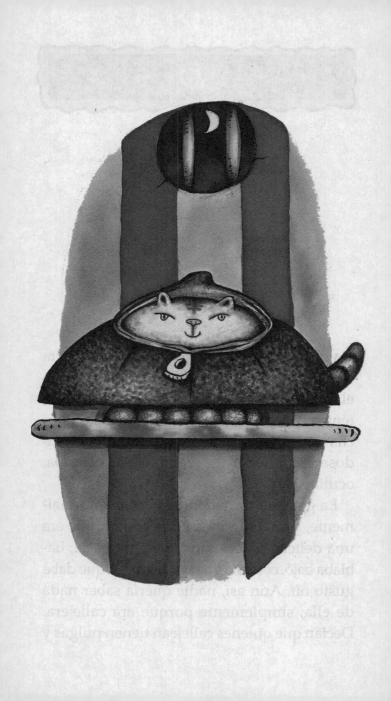

ensucian todo; decían que la callejeadera se contagia: basta charlar mucho con alguien de la calle, y uno termina también callejeando. Por eso la expulsaban de todos los lugares. Ella se escondía bajo la capa, se alzaba el cuello y se cubría con la capucha, y vivía buscando un lugar dónde ocultarse, más seguro que la capa. Hasta que un día encontró el sótano de la casa a donde había ido a parar el pavo real.

lana; había también un rayo de sol que, en
los días mejores, le producía el mayor placer
de la vida: nada le gustaba más que estirarse
en la franja del sol y dormitar a sabiendas de
que podía estar tranquila, sin peligro de que

El sótano sólo se usaba para guardar muebles viejos y trastos; allí nunca iba nadie. Bien
arriba, en la pared, había una ventanita redonda que quedaba a la altura del gramal.
Era sólo de ventilación y tenía una reja para
que no pudieran entrar gente ni animales.
Pero la gata de la capa era flaquita y alcanza-
ba a pasar, no sin cierta dificultad. Un día,
huyendo de un perro, pasó bajo el portal, es-
capó por un pelo del pastor alemán, vio la
ventanita del sótano, se escurrió por allí y
consiguió entrar. ¡Qué maravilla de escondite! Encontró un sillón viejo y blando que servía de cama, un ratoncito que a veces entra-

ba y le gustaba jugar a que lo persiguieran en plan de broma, una cesta grande llena de hilo y de lana; si hacía calor ella se acomodaba entre el hilo, si refrescaba desaparecía bajo la lana; había también un rayo de sol que, en los días mejores, le producía el mayor placer de la vida: nada le gustaba más que estirarse en la franja del sol y dormitar a sabiendas de que podía estar tranquila, sin peligro de que la expulsaran.

Con semejante luna llena, el pavo real vio muy bien cuando la gata entró en el sótano. Pero con aquel problema suyo del pensamiento a gotas, no sintió curiosidad alguna. Se dio cuenta de que entró y nada más. Al día siguiente, por la mañana, la vio salir. Al atardecer notó que volvía. Otro día, cuando la gata pasó a su lado y le dijo "Hola", él repitió "Hola". Y a toda hora veía a la gata salir o entrar. Hasta que una buena noche el grifo del filtro se abrió de nuevo (hacía tiempo que esto no sucedía), y bastó que ocurriera esto para que una enorme curiosidad lo sacudiera; se moría de ganas de saber quién era la gata que todos los días se metía en el sótano. Se hizo el distraído y se recostó en la ventanita redonda. Por la mañana, temprano, oyó una agradable voz ronca:

—Con permiso, señor. Me está obstruyendo el paso.

—¡Ah, no! No me trates de usted: da la impresión de que soy un viejo.

—Viejo no. Pero eres rico.

—¿Y qué?

—Pensé que a un animal tan rico había que tratarlo de usted.

—Nada de eso.

—Ah, bueno, entonces con permiso, me estás obstruyendo el paso.

—¿Cómo te llamas?

—Gata de la capa.

—Qué nombre tan raro. ¿Es de nacimiento?

—Es un sobrenombre. Me lo puse cuando empecé a esconderme en la capa.

—Tan larga, tan abotonada, tan encapuchada, no te puedo ver bien.

—No te pierdes nada: no soy tan bonita ni tan rica como tú. (En ese momento se desabotonó un poquito el cuello de la capa.)

—Pues me estás cayendo muy bien. Y te diré que tu voz ronca es genial: me hace cosquillas en el oído.

La gata se rió. Nunca había pensado que su voz hiciera cosquillas. Dijo "¡Ah, qué delicia!", sin pensar. Sólo por decir algo y jugar a hacer cosquillas (y se bajó un poquito la capucha).

El pavo real se puso serio:

—¿Vives allí abajo?

—Sí. En el sótano de la casa. Pero siempre está cerrado y nadie aparece por allí —bajó la voz—: No le cuentes a nadie, ¿de acuerdo?

—Descuida.

—Vivo escondida. Si me descubren, me echan. Como me pasa afuera.

—¿Te echan?

—Claro, soy callejera.

—¿De veras?

—¿No te diste cuenta?

—No.

—Es porque tengo la capa —se abrió un poquito más el cuello—. No sabes qué difícil es escapar viva todos los días y volver a mi sótano.

—¿Te gusta vivir allí?

—Es pre-cio-so.

El pavo real se rió: cuando hablaba separando las sílabas, le hacía aún más cosquillas. Ella se echó la capucha hacia atrás y el pavo real la miró bien. Dejó de reír y le preguntó:

—Pero si estás bien allí, ¿para qué sales?

—¿Y cómo voy a comer, a beber y a vivir,

si no salgo de mi sótano? Tengo que conseguir comida, ¿no?

El pavón suspiró hondo. Qué ojos tan bonitos tenía: eran verdes, eran amarillos, ¿qué eran? Le pidió:

—Cuéntame más de tu vida.

La gata le contó cuán difícil había sido todo para ella desde la infancia, siempre revolviendo basura en busca de comida, y cómo cada vez había más competencia en la calle por encontrar algo de comer. Suspiró:

—Afuera hay unas peleas por la comida que no te puedes imaginar. Y para colmo tengo que escapar de los automóviles, de los autobuses, de la gente que me saca de todas partes, de los empleados municipales, de los gatos más fuertes, de los perros, ¡puf!... —se encogió dentro de la capa—, tengo que huir de tantas cosas que cuando llego aquí, a mi sótano, estoy con la lengua afuera.

—Pobrecita.

—Desde que me metí en la capa mi vida mejoró un poco: cuando van a echarme de algún sitio, la gente se queda pensando qué animal soy y eso me da tiempo para huir. Pero mi vida mejoró de verdad al descubrir este sótano.

—¿Hace mucho?

—El mes pasado; todavía no me he acostumbrado del todo —le contó al pavo real cuánto le gustaba: los cojines, la franja de sol, la cesta con hilo y lana. El pavón no decía una palabra. Sólo escuchaba. Y la miraba. Con frecuencia se reía por las cosquillas que sentía en el oído. Y en el pecho sentía también una sensación agradable que nunca había experimentado y que iba creciendo, creciendo, creciendo. Después de un rato no aguantó más y se declaró:

—¡Ay! ¡Estoy enamorado de ti!

Entonces sucedió algo muy especial: la gata de la capa también se confesó enamorada del pavo real. Sólo quería charlar con él, disfrutar las historias que él le contaba, llorar un poquito cada vez que le avisaba que, de repente, el grifo del filtro se cerraría.

Y se cerró. Pero de ahí en adelante cada vez que el pensamiento del pavo goteaba, era una gota por la gata de la capa.

De repente, un grupo de personas entró en el jardín y se detuvo en medio de la grama inglesa. Era gente bien vestida, bien peinada, con bonitos bolsos, muy nuevos, muy finos, de broche dorado. Hablaron, hablaron, hablaron. Los dueños de la casa salieron y hablaron, hablaron, hablaron también. El pavo real, la gata y el pastor alemán no entendieron nada: hablaban sólo de números. Unos números altos, con muchas cifras. Un millón, diez millones, veinte, cincuenta, cien, trescientos; cuando llegaron al billón la gata se fue a dormir a la franja de sol, y al pavo real y al pastor alemán también los venció el sueño.

El grupo bien peinado y bien vestido se fue con todo resuelto; habían comprado la casa e iban a hacer un edificio enorme de apartamentos. Se marcharon con ganas de derribar pronto la casa, el jardín, todo. La familia se mudó de inmediato. Vino un enorme camión a llevarse los muebles, y a continuación llegaron tractor, máquinas y obreros. Aún no habían acabado de sacar los muebles de la casa cuando el tractor ya estaba removiendo el gramal, talando los árboles, excavando la tierra. Los encargados de la mudanza llevaron una jaula y metieron allí al pavo real; éste no entendía bien qué estaba sucediendo, pero cuando vio que lo iban a separar de la gata de la capa gritó, gritó con todas sus fuerzas, pero con la confusión de tanta gente y tanta máquina destruyendo todo, nadie lo oyó ni le hizo caso. El tractor derribó más árboles.

Cargaron el embalaje en el camión. El pavo vio que un tractor empujaba junto a la casa un gran montón de tierra, de palos y de troncos. El montón crecía, crecía; el tractor empujaba, empujaba. Hasta que de repente — "¡Gata! ¡Gata!" (era el pavón gritando)— la ventana del sótano desapareció tras el montón de tierra, de palos, de troncos; y la gata de la capa quedó presa allí dentro. Pusieron la jaula del pavo junto a los muebles, cerraron el camión y se marcharon. Bastó que se fueran para que comenzaran a demoler la casa.

Al pavo real lo llevaron donde unos amigos de la familia. Cada vez que su pensamiento goteaba era para acordarse de la gata en la ventanita del sótano.

Un día el pavo real huyó de donde estaba. Se marchó sin saber bien hacia dónde. Pero se marchó. Vio el mar en la avenida Atlántica. No se detuvo. Cuando su pensamiento goteaba, pensaba en la gata. Siguió caminando y acabó por llegar a su antigua casa. Ya no había sótano, ni gramal, ni nada. Sólo un hueco inmenso para los cimientos del edificio que levantarían. El pavo real se quedó mirándolo. Estuvo allí tanto tiempo, que fueron a preguntarle qué quería.

—Quiero a la gata de la capa. Ella tenía que salir del sótano de la casa.

Preguntaron qué casa: allí no había ninguna casa. Él repitió:

—Quiero a la gata de la capa. Ella está en el sótano.

Se rieron. Pensaron que estaba chiflado. Y un obrero, sólo por bromear, comentó:

—Mira, te equivocaste de dirección. La gata que estás buscando huyó de aquí y ahora vive en otro sótano.

El pavo real se quedó mirándolo. Después le preguntó:

—¿Dónde está la gata?

—En una casa que queda en esa dirección. Sigue adelante. Ve andando.

—¿Andando?

—Toda la vida.

El pavo real se fue andando. No vio que se quedaban riéndose de él. Siguió caminando toda la vida tras la gata de la capa. Y en el camino se encontró con Alexandre y decidieron seguir juntos. Toda la vida.

—Es que Alexandre me estaba contando la
historia del pavo real.

—Cuánto lo siento, Alexandre, pero Vera
no puede quedarse más. Ayer no estudió
mucho, hoy tampoco... Es hora de que acabe
la diversión y vuelva a atender sus responsabilidades. Pero tú puedes dormir en la casita
de las herramientas sin problema. Tú y el
pavo real. ¡Qué bonito es! Mañana Vera vendrá a despedirse de ti y te contarás el resto de

Alexandre vio una falda plisada entre él y
Vera; y una blusa blanca, y un cuello con ca-
denita, y un rostro medio desconfiado.

—¡Hola, mamá! Mira, éste es Alexandre. Y
ése es el pavo real. Ésta es mi madre, Alexandre.

—¿Cómo está usted, señora?

El pavo real suspiró tembloroso, caminó
con cuidado, se acercó a la madre de Vera y
exhibió sus plumas. Luego permaneció inmóvil, como quien juega a las estatuas. Ella se
entusiasmó:

—¡Qué bonito es!

—¿No te dije?

Luego examinó a Alexandre, sonrió, y le mostró el reloj a Vera:

—¿Vamos, hija? Ya es hora de hacer los deberes.

—Es que Alexandre me estaba contando la historia del pavo real.

—Cuánto lo siento, Alexandre, pero Vera no puede quedarse más. Ayer no estudió mucho, hoy tampoco... Es hora de que acabe la diversión y vuelva a atender sus responsabilidades. Pero tú puedes dormir en la casita de las herramientas sin problema. Tú y el pavo real. ¡Qué bonito es! Mañana Vera vendrá a despedirse de ti y le contarás el resto de la historia, ¿te parece? Vamos, Vera —y se fueron las dos.

Al otro día el cielo estaba oscuro y no dejaba de tronar. Apenas Vera y Alexandre se encontraron, él le preguntó:

—¿Vas a viajar?

—Yo no, ¿por qué?

—Tu mamá dijo que vendrías a despedirte.

Vera se quedó pensando qué decir. Sus padres habían resuelto que era hora de que Alexandre y el pavo real se fueran: ya les habían dado comida, ya habían dejado que se quedaran un día y una noche en la granja. Le dieron dinero: "Toma, hija, es para Alexandre. Con esto podrá comprar comida unos dos o tres días". Vera empujó el dinero bien al fondo del bolsillo; estaba con ganas de todo, menos de decirle a Alexandre que se fuera. Suspiró:

—¿Quieres mi merienda? No es mucho, pero menos es nada. Mis papás piensan que es mejor que deje de traerles comida, ¿sabes? Dicen que terminarán por acostumbrarse y no se irán nunca.

Alexandre sólo dijo "Hmm", pero el pavo real repitió:

—Terminarán por acostumbrarse y no se irán nunca.

Alexandre desmigajó el pan y se lo fue dando al pavo real. Lentamente. Con el ceño fruncido. Había entendido: era él quien debía viajar, allí no lo querían más; la comida era cara, y no sólo él comía, sino también el pavón. Tuvo una idea:

—Escucha, me dijeron que hay una ciudad grande cerca de aquí. Puedo ir allá a hacer el espectáculo y volver. Ganaremos dinero, compraremos alimentos, tus papás no necesitarán darnos de comer, y ya está: no les va a importar si nos quedamos aquí unos días más. ¿Qué tal?

—Es...

Comenzó a llover. Los tres corrieron a guarecerse bajo un árbol de mango. La lluvia arreció y arreció. Alexandre comprendió que no podría ir a la ciudad; Vera pensó que con semejante aguacero sus padres no insistirían en que él se marchara al día siguiente.

—Quédate, Alexandre —le dijo.

—Está bien.

Ella volvió corriendo a su casa.

Llovió sin cesar todo el día. Los padres de Vera pensaron que Alexandre se había ido; no preguntaron nada. Vera tampoco dijo una palabra. De vez en cuando pensaba en Alexandre y en el pavo real. Debían de estar pasando un hambre terrible. Resolvió estarse todo el día sin comer. Sólo por ver cómo era.

Cuando se despertó, por la mañana, vio que el cielo estaba azul, y en seguida sintió un enorme agujero en el estómago. Tomó un pan de la cocina y corrió a la casa de las herramientas. La puerta estaba abierta; había una nota en el suelo:

Fui a hacer la función a la ciudad, pero volveremos más tarde.

Un abrazo de Alexandre.

El padre de Vera estaba trabajando cerca de allí, y con sólo mirarlo ella se dio cuenta de que había visto la nota. Pero ninguno de los dos dijo nada. Alexandre y el pavo real volvieron a la granja al atardecer. Estaban exhaustos: la ciudad quedaba demasiado lejos y había que andar muchas horas para ir y venir. Alexandre le estaba contando a Vera cómo había sido el espectáculo, cuando la llamó su madre. Los dos fingieron que no habían oído. Llamó otra vez. Y otra. Vera suspiró:

—Me voy, es mejor.

—¿Volverás después?

—Si puedo.

No pudo.

Al otro día Vera llegó temprano a la casita de las herramientas. Estaba todo cerrado; seguramente Alexandre y el pavo real estarían todavía durmiendo. Vio la caja de helados bajo un árbol: Alexandre había olvidado guardar sus cosas. Dio una vuelta alrededor, pensando si llamaba a la puerta o no. Había alamas por todos lados. ¡Qué bonitas! Tomó una flor para olerla. Tenía un perfume muy suave y agradable. Resolvió meterla en la caja de Alexandre para que encontrara todo perfumado: la olla, el tenedor, el libro; y además tendría una flor para mirar. Volvió a la puerta. Todo seguía quieto. De repente pensó que no había por qué esperar más. Golpeó. Apenas apareció Alexandre, ella le entregó el dinero:

—Toma. Es para que compres comida durante unos días —al principio él no entendió; se quedó mirándola. El pavo real salió de la casa, desplegó el plumaje y se quedó inmóvil—. Tómalo.

Alexandre lo hizo.

—¿Es para que nos vayamos, no?

—Sí.

—¿Cuándo?

—Ahora.

—¿Ya?

—Sí.

Dobló el dinero lentamente, lo metió en el bolsillo:

—¿Por qué no les gusto, ah?

Ella respondió de prisa, loca por decir de una vez todo lo que debía decir:

—Les gustas. Les caes bien. Y el pavo real les parece muy bonito. Pero también les parece que eso de que vivas de un lado para otro no es bueno. No les gusta que yo sea amiga de alguien que se la pasa viajando. ¿Tú me entiendes, no?

Alexandre quedó más que asombrado. Y cuando él se asombraba daba la impresión de que estaba enfadado: el ceño fruncido, los ojos muy abiertos, la voz medio gritona.

—¿Cómo que de un lado a otro? ¿No les contaste que estoy buscando la casa de mi madrina?

Vera volvió la cara, no respondió. Él insistió:

—¿No les dijiste?

—¿Qué, Alexandre?

—¡Qué, qué, y todavía preguntas qué! ¿No les dijiste que estamos viajando? ¿Que estamos buscando la casa de mi madrina, yo y el pavo real?

—¡Les dije! ¡Claro que les dije!

—¿Y entonces?

—¿Entonces qué?

—Entonces... ¿cómo es eso de que voy de un lado a otro, si estoy buscando la casa de mi madrina?

—Bueno...

—Bueno... Bueno... Bueno...

—¡Deja de burlarte de mí!

—Y tú, ¡haz el favor de responderme claramente!

—Pero, ¿responder qué?

Él perdió la paciencia y se enfadó en serio:

—¿Cómo es eso de que voy de un sitio a otro, si estoy buscando la casa de mi madrina?

A Vera no le gustaba que le gritaran; se enojó también:

—¡Pero salta a la vista que no tienes ninguna madrina! ¡Todo eso fue una historia que Augusto inventó para que te durmieras! —

bastó que acabara de decir eso para que la atormentara un terrible pensamiento: "¿Para qué hablé? ¿Para qué?"

Alexandre se quedó mirándola. Queriendo entender. Estuvo tanto tiempo así que Vera empezó a sentir un gran pesar. ¿Para qué había hablado? Él se acercó y le preguntó en voz baja, lentamente:

—¿Salta a la vista? ¿Por qué salta a la vista?

—Porque sí.

—Porque-sí no es una respuesta. Quiero saber por qué. ¿Por qué?

Cuando iba a responderle, sintió un nudo en la garganta; se quedó inmóvil. Él la tomó por los hombros y la sacudió con fuerza:

—¿Quieres hacerme el favor de responder?

—Bueno, ellos dijeron que...

Alexandre soltó a Vera:

—¿Ellos? ¿Ellos? —sus ojos brillaron—. ¿Fueron tus papás quienes dijeron que salta a la vista que yo no tengo madrina?

—Sí.

—¡Aaaaaaah, bueno! —y en un santiamén se olvidó del disgusto, del enfado, de todo; no se preocupó más del asunto—. Deberías haberme dicho antes que fueron ellos los que dijeron eso. ¿Por qué no me lo dijiste?

—Pero...

—Ya no me importa. Me advirtieron que la gente grande tiene envidia de las madrinas de la gente pequeña.

Vera estaba asombrada:

—¿Quién te advirtió?

—Oye, todo el mundo sabe que a las madrinas sólo les gustan los ahijados pequeños; si creces, se acabó: la madrina ya no te hace caso. Por eso la gente grande no tiene nada que ver con historias de madrinas. Y ya viste, ¿no? Se los come la envidia.

—¿Verdad?

—Sí, una envidia grandísima. Augusto me habló de eso. Y basta que se los coma la envidia para que quieran hundir a la madrina de uno. Al principio estaba enojado porque pensé que tú no creías que yo tuviera madrina.

—¡No! Fueron ellos...

—Recuerdo muy bien cuando Augusto dijo: "Mira, Alexandre, a la gente grande le gusta acabar con eso, ¿sabes?" —acarició ligeramente la cabeza de Vera—. Pero no te preocupes, ¿de acuerdo? Te prometo que no estoy disgustado. Yo entiendo a tus papás, no hay problema.

—Ah, bueno, si tú entiendes...

—Sí, entiendo —le hizo otro cariño en el pelo (era tan agradable hacerle halagos a

Vera)—. Y mira, también entiendo que es mejor que nos vayamos de una vez, ¿no?

—Bueno...

—Es mejor, sí. Eso de ir a hacer el espectáculo no sé dónde y después volver aquí no se puede: cansa demasiado.

Vera comenzó a rayar el suelo con la punta del zapato. Habló sin levantar la cabeza:

—Pues sí, yo también quería decirte que nos vamos a pasar el fin de semana fuera.

—Ah, ¿sí?

—Mi padre lo decidió de repente.

—Comprendo.

Se quedaron callados, viendo las rayas en la tierra.

El pavo real suspiró tembloroso.

De repente, Alexandre y Vera se miraron. En ese momento Alexandre resolvió irse de una vez y pronto. Pero cuando fue a decir chao, le salió una pregunta que no había pensado hacer:

—¿Vamos a montar a caballo?

—¿Dónde está el caballo?

—Inventemos uno.

Ella miró el reloj. Él tomó una hoja y tapó la esfera para no que no viera la hora. Ella se rió; él repitió:

—Inventemos un caballo.

—Bueno. ¿Cómo va a ser?

—Amarillo.

—Con la cola anaranjada.

—Listo.

—¿Va a tener alas?

—¿Para qué?

—Para salir volando.

—No hace falta: sabrá galopar muy bien.

—¿Y cómo se va a llamar?

—Ah.

—¿Qué?

—Ah.

—¿Ah?

—Pero no Ah. Se llamará Ah, gritado. Con fuerza. Así, oye: ¡Aaaaaaaaaaaaah!

—Pero, ¿de verdad se llamará así?

—¿No crees? Llámalo, sólo para probar.

—¡Ah!

—¡No! No lo estás diciendo bien. Es así, oye —y gritó de nuevo—: ¡Aaaaaaaah!

El pavo real gritó también; parecía un eco. En ese momento Vera cayó en cuenta de que realmente le gustaba el nombre. También gritó:

—Aaaaa... —pero paró el grito, sin creer todavía que fuera verdad que vendría—. ¿Vendrá si lo llamamos?

Llamaron juntos. Con todas sus fuerzas:

—¡Aaaaaaaaaaaaah!

Y el caballo apareció. Amarillo a más no poder, con una cola anaranjada que rozaba el suelo. Alexandre saltó encima de él y ayudó a Vera y al pavo real a montar. Pronto, Ah salió galopando. Era un galope alocado; no tardó en llegar al río. Vera y Alexandre apenas tuvieron tiempo de agarrarse un poco uno del otro y a la crin de Ah. El caballo dio un salto espectacular, pasó por encima del río e hizo pie en la otra orilla; al caer chapoteó y salpicó agua por todos lados. Siguió corriendo. Galopando, galopando, galopando. Atravesó el terreno en un segundo, rozando las ramas de los árboles. Vera, Alexandre y el pavo real bajaban la cabeza y se agachaban para escapar a los espinos, a las ramas, a todo. Gritaban de susto, de puro miedo; el galope era demasiado veloz. Ah escuchaba los gritos, pero con el ruido que hacían su galope y el viento, pensaba que le pedían que corriera todavía más, y entonces corría, corría, corría. Dejó atrás el pomar. Alexandre señaló la cerca próxima; Vera se aterró:

—¡Detente! ¡Da vuelta! ¡Detente!

Ah no le hizo caso. Alexandre le tiraba la crin para ver si comprendía, si paraba, pero él no hacía caso, y la cerca estaba cada vez más cerca, más cerca, más cerca.

—¡Detente! ¡Detente!

Vera cerró los ojos: no quería ver más. Pero, ¿no sería aquello un sueño que se desvanecería al abrir los ojos? Los abrió. Vio la cerca enfrente suyo. Alta. Llena de espinos. Horrible. Para que todo el mundo sintiera miedo y no pasara. Ah no pestañeó: preparó el salto y pasó. De inmediato desapareció el sol, todo se puso negro y se hizo de noche.

Se quedaron inmóviles en la oscuridad haciendo un esfuerzo enorme por escuchar cualquier cosa. No había ningún ruido ni nada se movía.

De repente, los tres comenzaron a sentir algo raro; se agarraron aún más al caballo, y Alexandre cuchicheó:

—Vera, ¿estás sintiendo lo mismo que yo?

—Ah está desapareciendo; ¿es eso lo que estás sintiendo?

—Sí.

Se quedaron quietos otra vez, mirando en la oscuridad con miedo y sintiendo que por delante, por atrás, por los lados, Ah seguía desapareciendo.

—¡Agárralo, Alexandre!

—No puedo.

—¡Haz cualquier cosa!

—¡No puedo, se está desinventando!

Los tres fueron bajando, bajando, hasta que sus pies tocaron el suelo y las piernas ya no tuvieron dónde montar; Alexandre gritó:

—¡Ah desapareció!

Tantearon en torno pero no encontraron nada. Vera se acercó más a Alexandre:

—¿Se desinventó solo?

—Sí.

—¿Cómo lo hizo?

—No sé.

—Alexandre, ¿cómo nos vamos a ir de aquí sin Ah?

—No sé, no sé.

—Tú lo inventaste una vez; invéntalo de nuevo.

Alexandre estaba aterrado, y aunque pensaba y pensaba, no se le ocurría ningún invento nuevo.

—Ya no sé inventar un caballo.

—¡Tú sabías!

—¡Pero ya no! ¿Qué puedo hacer?

—¡No tienes por qué gritarme!

—¡Eres tú la que está gritando!

—¡Yo no!

—¡Sí, tú!

—Sólo te estoy diciendo que inventes otra vez a Ah.

—Ya te dije que no puedo.

—Entonces inventa otra cosa para que nos vayamos de aquí.

—¡No sé, no sé!

—Inventa una luna para iluminar.

—No me sale nada.

—Inventa algo para hacer ruido y dejar de pensar que somos lo único que existe.

—¡Inventa, inventa! ¿Por qué no inventas tú?

—¡No me agarres así!

—¡Eres tú el que me está agarrando!

—¡Eres tú!

—¡Eres tú! No comiences tú también a agarrarte de mí, pavo.

—¡Suéltame, Vera!

—¡No empujes, Alexandre!

—¡Suéltame!

—¡Suéltame tú!

Se soltaron.

—Alexandre, tengo miedo.

—Yo también.

Y uno agarró al otro de nuevo, y el pavo real agarró a los dos. Se quedaron callados. Pero quedarse quietos y en silencio era todavía peor. Entonces Vera habló bajito:

—¿Ves? Por eso decían ellos que no se podía pasar a este lado de la cerca. Es un castigo.

—¿Castigo?

—Sí.

—¿Qué es un castigo?

—Toda esta oscuridad.

—Pero, ¿castigo por qué?

—Decían que sólo se podía ir hasta la cerca. Y la pasamos.

—¿Por qué la oscuridad es un castigo?

—La oscuridad es mala, da miedo.

Alexandre se quedó callado. Después preguntó:

—¿Y si le perdemos el miedo? ¿Se acaba el castigo?

—¿Cómo?

—Si le perdemos el miedo a la oscuridad, ya no pensaremos en ningún castigo. Seguro.

El pavo real suspiró tembloroso. Vera cuchicheó:

—¿Cómo vamos a perderle el miedo si tenemos un miedo terrible?

—Pues sí.

Y el pavo real repitió:

—Pues sí.

De repente, de tanto hablar del miedo, tuvieron la firme impresión de que estaba muy cerca; bastaba extender la mano para tocarlo.

Alexandre cuchicheó (para ver si el miedo no lo oía):

—Parece que estoy como atado. Es el miedo el que te deja así, ¿no?

—Sí.

Los tres se encogieron para dejarle más sitio al miedo, para no apoyarse en él. Se quedaron así un buen rato. Después Alexandre exclamó:

—¿Sabes una cosa? Yo no dejo que el miedo me amarre, no lo dejo —se soltó de Vera y empezó a tantear el aire—. Aquí de este lado no está.

—¡Cuidado, Alexandre!

—Y de este otro lado tampoco —adelantó unos pasos—. Aquí tampoco está. Ni aquí —se fue yendo cada vez más lejos, soltándose, soltándose.

Vera continuaba tan atada que ni siquiera respiraba bien: pensaba que si lo hacía tocaría el miedo. Metió la mano en el bolsillo para ocupar todavía menos espacio; encontró un pedazo de tiza; lo apretó con fuerza y la tiza se partió en dos, con un ruidito agradable, un ruidito de escuela. Se acordó de la profesora cuando partía la tiza y escribía en la pizarra. Pensó: "La pizarra es igual de oscura. Quizá la tiza también escribe en la oscuridad...". Sacó la mano del bolsillo, despacito. Se armó de valor y probó a dibujar frente a ella la rueda de un sol. ¡Y salió! Quedó tan feliz, que gritó:

—¡La oscuridad es como una pizarra, Alexandre!

Alexandre fue junto a ella; tomó el otro pedazo de tiza y se puso a dibujar también. Una casa. Un árbol. Una ola del mar. Cuanto más dibujaban los dos, tanto menos les importaba la oscuridad. Hicieron una flor creciendo, un río fluyendo, dos escarabajos encontrándose; dibujaron cosas muy lindas. Y cuanto menos les importaba la oscuridad, con tanto más placer dibujaban. De repente, a Alexandre se le ocurrió una idea:

—Voy a dibujar la cara del miedo.

Vera se asustó de nuevo:

—¡Shh! Habla bajo.

—¿Por qué?

—Puede no gustarle la idea.

—¿Todavía anda por ahí?

—Creo que sí.

A Alexandre le pareció mejor no decir nada más, pero comenzó a dibujar una cara rara, toda hinchada de un lado.

—El miedo está con dolor de muelas —se rió bajito.

Al pavo real le gustó tanto oír a Alexandre reír, que se rió él también.

Vera entró en el juego: le dibujó al miedo una oreja hinchada y dijo que también tenía dolor de oído. Alexandre dibujó del otro lado una oreja pequeñita:

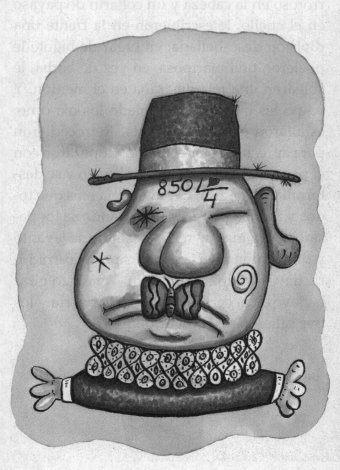

—De este lado es sordo.

Vera le habló al miedo:

—¡Payaso! —pero le habló en el oído sordo porque le pareció más seguro. Y dibujaron en la cara del miedo dos narices, un solo ojo y tres bocas; le pusieron un sombrero horroroso en la cabeza y un collarín de payaso en el cuello; le escribieron en la frente una división descabellada; en lugar de bigote le pusieron una mariposa; en vez de barba, le colgaron una tela de araña en el mentón. Y ya no les importó si el miedo los oía o no: estallaron en una carcajada. Retrocedieron para apreciar mejor el dibujo, tropezaron con el pavo real, cayeron todos al suelo y se desternillaron de risa. El pavón reía más que todos y rodaba por el suelo. Cuando se les pasaron las ganas de reír, Alexandre se levantó y dibujó una puerta con picaporte, cerradura, llave y todo. De un salto, Vera hizo girar la llave en la cerradura, abrió la puerta y los tres salieron de la oscuridad.

Del otro lado de la puerta había un camino iluminado por una luna color calabaza. El camino era verde amarillento: la luna era del color de la cáscara de la calabaza, no de la calabaza por dentro. Y a ambos lados del camino había muchos árboles, también del color de la luna.

—Vera, ¡mira quién anda ahí!

Era Ah. Estaba al pie de un árbol, masticando unas plantas, con cara de quien ha estado esperando. En cuanto llegaron junto a él se agachó y —¡upa!— los tres lo montaron otra vez. El camino era tan bonito que Ah anduvo sin prisa, con un bamboleo muy delicado, como de quien está contento y quiere bailar. Vera, Alexandre y el pavo real se miraron, cada uno le guiñó el ojo al otro, y se fueron, meneándose con Ah. ¡Qué delicia! Cuanto más andaban, tanto más bonito era el camino, y la luna brillaba cada vez más. De repente vieron una curva tan cerrada que hizo virar bruscamente a Ah, y los tres hicieron lo mismo, gritando "¡Ooooooooh!" (sólo en broma). Cuando pasaron la curva se detuvieron a mirar. Quedaron atónitos.

Enfrente vieron un monte pequeño, redondo y lleno de flores: altas, bajas y a ras del suelo; soplaba un vientecillo y las flores se movían de acá para allá. Un camino zigzagueaba en ascenso en medio de aquel campo de flores. A un lado del monte se encontraba un bosque grande, donde la luna quería entrar, y bastaba mirar los árboles —todos así de grandes— para darse cuenta de que entre ellos había una cascada, un río, una gruta, una caverna, un montón de cosas por descubrir. Del otro lado del monte estaba el mar, y el sol salía del agua. Era un mar claro, de olas mansas y agua tibia. En lo alto del monte, medio oculta entre las flores, se divisaba una casa muy blanca con una ventana a cada lado, y una puerta azul.

Alexandre no sabía si reír o llorar de alegría. Vera sólo decía:

—Y yo que pensaba que nunca llegarías.

El pavo real comenzó a sentir una gran felicidad. Le dieron ganas de desperezarse. Se paró encima de Ah y abrió el plumaje lentamente. ¡Qué lástima que nadie mirara hacia atrás en ese momento: se veía tan bonito, todo desperezado. Alexandre apretó el vientre del caballo para hacerlo andar de nuevo; Ah se asustó, empezó a galopar, y el pavo real se dio un porrazo tremendo pues cayó al suelo con las plumas desplegadas. Menos mal que no se rompió nada; cuando montó de nuevo, Ah continuó el ascenso más despacio, entre una fuerte fragancia de flores.

—¡Mira la flor amarilla en el pecho de la puerta azul!

Se apearon. Ah descubrió una gramilla formidable al lado de la casa y corrió a probarla. Vera cuchicheó al oído de Alexandre (era un secreto, no podía hablar alto):

—Fíjate si es verdad que la llave está guardada dentro de la flor.

—¿No será mejor llamar primero?

Tocaron. Esperaron. Nadie apareció. Alexandre dio unas palmadas para llamar la atención y dijo en voz alta:

—¡Madrina! ¡Madrina!

Nada. Sólo se oía el viento en el bosque y el ruido de las olas rompiéndose abajo, en la playa. Entonces metió la mano en la flor y sacó la llave. Miró a Vera con alegría. Bastó girar la llave para que la puerta azul se abriera despacio, tal como le había contado Augusto. Alexandre llamó a voces otra vez:

—¡Madrina! ¡Madrina! (El pavo real también llamó.)

Nada. Bueno, nada, no: el reloj grande, alto, de pie, medía el tiempo (lo hacía de maravilla). Permanecieron allí escuchando su ritmo de samba. Alexandre miraba y miraba, y casi no daba crédito a sus ojos. No faltaba nada: una ventana que daba al mar (podían ver el amanecer), otra que daba al bosque (la luna estaba ocultándose), otra cerrada, y una con la cortina listada; la silla que abrazaba; el armario que daba ropa; el otro que proporcionaba comida; la puerta que conducía al sótano.

Alexandre entró despacito y se asomó por detrás de la puerta. Rió. La cartera de la profesora también estaba allí. Regordeta. Con el dibujo del niño y la niña tomados de la mano. Pero estaba toda cubierta de polvo. Vera preguntó:

—¿Estará mal mirar qué hay adentro?

—Claro que no. ¡Tenemos que ver si están todos los paquetes!

Abrieron la cartera. Cuando Alexandre comenzó a contar los paquetes, la cortina listada se movió. Los tres se asustaron; el pavo real dio un salto atrás.

—¿Qué fue eso?

—¿Fue el viento?

Se quedaron mirando la cortina. Después de un rato se volvió a mover.

—¡Es el viento, sí!

—¿Sí?

Alexandre fue hacia la ventana, pensando en todo lo que encontraría tras la cortina. El corazón le latió con fuerza. ¿Y si no había nada? Se detuvo.

—Abre, Alexandre.

—Se está moviendo otra vez.

—Ya sabemos que es el viento. Abre.

—Mejor ábrela tú.

Ninguno de los dos se movió.

De repente, algo impulsó al pavo real a hacerlo. Saltó, agarró la cortina con el pico y la corrió de un tirón. Casi se muere de la dicha:

—¡Gata! —exclamó.

La gata había extendido la capa en el borde de la ventana, simulando una cama, y estaba feliz disfrutando del sol. Hizo falta sólo un segundo para que se les pasaran el susto y la sorpresa; después, la gata y el pavo real se abrazaron tiernamente. Ella decía: "¡Cómo te he extrañado!" Él repetía: "¡Cómo te he extrañado!" Ella preguntaba: "¿Estás bien?" Él repetía: "¿Estás bien?" Luego le preguntó a Alexandre:

—¿Todavía piensa a gotas?

—A veces el grifo se abre. Pero se cierra en seguida.

—Es el momento de arreglar eso —marchó decidida al armario blanco y le pidió—: Un sacacorchos, por favor.

El armario extendió un cajón con destapadores de botellas, abrelatas, sacacorchos, esas cosas. Alexandre no daba crédito a sus ojos.

—¿Quieres decir que el armario sí da todo lo que le pides?

—¡Claro!

Vera aprovechó la ocasión para hacer una pregunta que tenía en la punta de la lengua desde hacía rato:

—Escucha, gata de la capa, ¿dónde está la madrina de Alexandre?

La gata abrió mucho los ojos.

—¿Tú eres Alexandre?

—Sí.

—¡Ah, qué bueno! Pues mira: tu madrina está viajando, pero dejó la casa preparada para cuando llegaras.

Alexandre se emocionó tanto que no dijo nada. ¡Caramba, todo listo para él! Y él que había pensado que su vida era desdichada. La gata le hizo unas carantoñas al pavo real y le dijo:

—Voy a meter este sacacorchos en tu cabeza. Quédate quietecito. Si te duele, aguanta firme, ¿bueno?

El pavo real se desternilló de risa: ¡cómo cosquilleaba esa voz!

La gata metió el sacacorchos en la cabeza del pavo. Giró. Le hizo gracia.

—Qué cabeza tan blandita tienes.

El pavo dejó de reír: esa cosa girando dentro de su cabeza, dolía. La punta del sacacorchos tocó una parte dura; la gata se animó.

—¡Es el filtro, es el filtro! Ahora es más difícil girar. Ayúdame, Alexandre.

Alexandre le ayudó. Después de algunas vueltas el sacacorchos se trancó.

—Es el momento de tirar. ¡Tira!

Pero cada vez que ellos tiraban, el pavo real se iba detrás del sacacorchos; no servía de nada explicarle que tenía que hacer fuerza hacia el lado contrario: no entendía qué estaba sucediendo. La solución fue que Alexandre lo sujetara con fuerza mientras la gata halaba el sacacorchos y Vera tiraba de la gata.

De repente, el filtro salió de la cabeza del pavo real, haciendo un ruido muy particular: tloc. La gata no lo pensó dos veces: lo arrojó por la ventana, con sacacorchos y todo.

—¡Listo! ¡El filtro ya es historia pasada!

Al pavo real se le iluminaron los ojos de inmediato. Paseó por la casa examinándolo todo, quiso averigüar un montón de cosas. La gata le comentó:

—Un día estaba yo aquí solita, cuando golpearon a la puerta. Abrí. Era un señor con una encomienda para ti.

El pavo se asombró:

—¿Para mí?

—Pues sí, me pareció raro y le dije que tú no vivías en esta casa. Pero él me explicó que estabas en camino y llegarías un día de éstos. Y dejó la encomienda. La guardé en el sótano para no hacer desorden arriba —condujo a todos al sótano.

Había muebles viejos, trastos, una cesta grande llena de hilo y de lana, cojines por el suelo; y en una pared —bastante alta— estaba una ventanita redonda, con rejas para dejar pasar aire y luz.

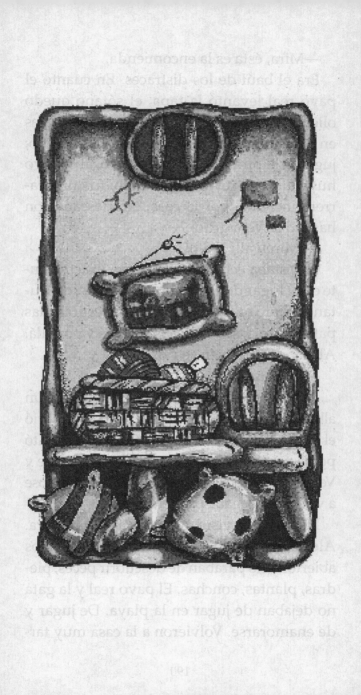

—Mira, ésta es la encomienda.

Era el baúl de los disfraces. En cuanto el pavo real levantó la tapa, el sótano quedó oliendo a carnaval. Desparramaron los trajes en el suelo y cada uno se puso uno distinto; jugaron al pirata, al rey, al esclavo, al esclavo huyendo y al rey persiguiendo; fue una carrera increíble por la casa. No descansaron hasta que Vera gritó:

—¡Miren allí abajo!

Ah estaba echado en la arena, exactamente en el lugar donde rompían las olas, disfrutando tanto en aquella playa, que estiraba las patas, se reía, se revolcaba por acá y por allá. Alexandre también se rió:

—¡Holgazán!

Al verlo, todos quisieron ir a la playa. Fue un alborozo total. El armario que daba ropa abrió el cajón de los trajes de baño. El pavo real saltó por la ventana y la gata lo siguió. Alexandre y Vera salieron por la puerta azul, desafiándose a ver quién llegaba primero al mar.

Nadie había visto nunca un agua tan clara. Alexandre y Vera se zambullían con los ojos abiertos y no paraban de descubrir peces, piedras, plantas, conchas. El pavo real y la gata no dejaban de jugar en la playa. De jugar y de enamorarse. Volvieron a la casa muy tarde, muertos de hambre. Se acercaron al armario de la cocina y esperaron. El armario no se inmutó. La gata cuchicheó:

—Lo está haciendo a propósito, seguro.

Era verdad: el armario estaba bromeando, para asustarlos. Cuando vio que estaban tristes, acabó con la broma y se dispuso a darles sus platillos favoritos.

Vera eligió un plato exquisito y fue corriendo a sentarse en la silla de brazos para comer a gusto. La silla no dijo nada: encogió las patas y la derribó. La comida saltó por todos lados. El pavo real comprendió que a la silla no le había gustado que se adueñara de ella así como así, sin hacerle ningún cariño. Se le acercó, le hizo unas caricias, preguntó si le incomodaba que se sentara en ella, y apenas lo hizo, le ofreció una pluma de regalo. La silla se puso tan feliz que lo abrazó. A Vera le encantó ver una silla tan cariñosa y se desató en aplausos. El pavo real —que ahora pensaba normalmente, como casi toda la gente— creyó que los aplausos eran para él y puso cara de modestia:

—Gracias.

Triiiiiiiiiiiiiin. Estaban comiendo cuando sonó el timbre. Se llevaron un susto tan grande —ellos, el reloj, los armarios, la silla, toda la casa— que se armó un buen lío: el uno miraba al otro, y éste miraba a la puerta, y la puerta miraba a la ventana, y la ventana miraba al sótano, y el sótano miraba a la puerta, y en eso —triiiiiiiiiiiin— el timbre sonó más fuerte todavía.

—¿Tal vez es mi madrina que vuelve del viaje?

—¿Tal vez?

Pero la madrina tenía llave, no iba a tocar así.

La gata fue de puntillas a ver si podía divisar algo por la rendija de la puerta. No pudo. Cuchicheó:

—¿Quién será? Nunca viene nadie por aquí.

Triiiiiiiiiiiin. Se miraron entre sí, y luego todos miraron a Alexandre, quien se dirigió a la puerta y abrió. Sólo una rendijita: allí dentro lo estaban pasando tan bien que no iba a abrir toda la puerta para permitir que entrara alguien pesado y aburrido. No daba crédito a sus ojos. La puerta azul se abrió por completo para dejar pasar a Augusto.

—¡Volviste de São Paulo! —gritó Alexandre—. ¡Por fin volviste, volviste, volviste! —empezó a abrazarlo y a presentarlo a todos, y a abrazarlo otra vez, y cuando acabaron de abrazarse Augusto se sentó y habló de su viaje, de São Paulo, de la fábrica, de todo lo que había visto en esos sitios. De vez en cuando Alexandre lo interrumpía para mostrarle un montón de cosas que Augusto no había visto en casa de la madrina.

—Esa vez no viste el sótano, ¿recuerdas? Y tampoco tuviste tiempo de correr la cortina listada. Mira lo que encontramos detrás (la gata le guiñó un ojo a Augusto). No alcanzaste a ir al bosque, ¿recuerdas?

—¿Qué encontraste allí?

—Tampoco hemos ido.

—¡Entonces vamos ya!

Salieron corriendo. Descubrieron caminitos, grutas, cascadas, unos árboles enormes con unos pajaritos diminutos, y tantas cosas que, cuando se detuvieron a descansar un poco, el sol se estaba poniendo. Pero no volvieron: había un río delicioso, lleno de piedras; lo recorrieron saltando de piedra en piedra sin mojarse los pies. Sólo salieron de allí cuando oscureció totalmente. La luna iluminó su regreso.

Alexandre empezó a añorar las historias que Augusto le contaba; apenas entró en la casa le pidió:

—Cuéntanos historias, Augusto.

Augusto se tendió en la alfombra; los cuatro se sentaron en torno suyo; Ah asomó la cara por la ventana; hasta la silla de brazos se estiró para escuchar mejor. Augusto contó unas historias extraordinarias. Apenas acababa una, le pedían más. Y él inventaba otra. Estuvo así hasta que se durmieron todos. Después de eso él también se dio vuelta y se durmió.

La casa de la madrina quedó en silencio mucho tiempo. De repente, el reloj de pie se pegó un susto: desde que ellos habían llegado no había tocado la hora ni una vez; con tanto movimiento, tantos vaivenes, tantas historias, se había olvidado por completo de la vida. Se ruborizó. No recordó ni qué hora era. Tocó atropelladamente.

En cuanto el reloj comenzó a tocar, Vera se despertó de un salto. "¿Qué hora es?" Miró el reloj de pie: movía las manecillas hacia abajo y hacia arriba sin parar, preso de un afán increíble. Vera miró su reloj de pulsera y retiró la hoja que ocultaba la esfera: se había parado. Se levantó preocupada, mientras el corazón le latía con fuerza. ¿A qué hora se habría detenido? Pensó en todos los relojes de su casa. ¿Se habrían parado también? Si no era así, sus papás debían de estarla buscando. ¿Hacía cuánto tiempo? ¿Sería hora de comer, de ir a la escuela, de...? ¡Ay! ¡Tenía que irse corriendo! Estuvo tentada a despertar a Alexandre, pero la asaltó un mal presentimiento: ¿y si él no daba con el camino de regreso? Se quedó inmóvil pensando. El reloj continuaba tocando enloquecido, parecía que no iba a parar nunca. Entonces tuvo una idea: "¿Y si me voy sin hacer ruido para que nadie se despierte? ¿Y si encierro a Alexandre aquí, para que pueda disfrutar toda la vida de estas cosas tan buenas... Augusto cerca, el pavo real pensando normalmente, la gata de la capa y todo lo demás?"

El deseo de encerrar a Alexandre en la casa de la madrina creció, creció, creció. Vera comenzó a cerrar las ventanas con cuidado, le hizo "Shh" al reloj para que dejara de dar la hora, llegó junto a la ventana trabada y le rogó en voz baja:

—Dile a tus hermanas que se traben como tú, hasta que Alexandre se olvide del camino de vuelta. Por favor, ¿sí? —y se dispuso a marcharse de puntillas. Cerró la puerta azul. Guardó la llave dentro de la flor. Encontró a Ah dormitando detrás de la casa, y en cuanto él despertó, se agachó para que ella subiera. ¡Upa! Precisamente en ese instante la ventana trabada se abrió, e hizo tanto ruido que todos se despertaron.

Historia de la ventana combada

Le gustaba ser importante, le encantaban las cosas de lujo, le complacía exhibirse. Era un árbol muy bonito; daba una flor roja, que todos alababan, —¡qué belleza!—, y con frecuencia extendía sus ramas para mostrarse todavía más.

Pero lo derribaron. Acabó en un aserradero sucio y polvoriento. Se convirtió en una tabla olvidada en un rincón, a la que nadie prestaba atención: fue una más entre tantas; apilaron otras tablas sobre ella —¡qué infierno! Una buena mañana resolvieron construir puertas con las tablas. Puertas refinadas. De apartamentos de lujo. En Río de Janeiro. Con vista al mar.

Cuando oyó decir que viviría en un apartamento de lujo, salió del infierno. Le gustó ser puerta. Pensó que daba más prestigio que ser ventana, estante, tablita para el piso, esas tonterías. Esperó. Esperó. Era la última de la pila. Esperó tanto que le entró la carcoma. Y donde la carcoma muerde, la tabla se hace polvo. Se estropeó de tal modo que ya no sirvió más para ser puerta. Volvió al infierno.

Una bella tarde la cortaron y la encolaron y se convirtió en ventana. Sería ventana en una casa de una calle muy concurrida. Mucha gente pasaría ante ella y la admiraría. Cuando supo eso volvió a salir del infierno.

Pero llegó un helicóptero al aserradero con un recado de la madrina: necesitaba cuatro ventanas para la casa que estaba construyendo y tenía prisa por recibirlas.

Allá fue ella a dar con tres ventanas más que también estaban listas. Le pareció genial viajar en helicóptero. Pero ver la casa de la madrina fue como volver al infierno: era un lugar demasiado tranquilo. Frunció el gesto y puso una cara así de larga. Quería, por lo menos, que la pusieran en el frente de la casa: todo el que llegara la vería; o si no, de cara al mar: era bonito contemplarlo; o de frente al bosque: ¿quién sabe si descubría, en medio de tantos árboles, a algún amigo de antaño? Cuando el carpintero vio su mala cara, no lo pensó dos veces: la puso en la parte de atrás de la casa, de frente a nada. Y nunca más se abrió. De allí en adelante se volvió insoportable: lo único que la divertía era el fastidio de los demás.

Cada vez que pretendían abrirla y no lo conseguían, reía para sus adentros (su risa era como el ruido de la madera que se raja). Siempre que la silla de brazos arrojaba a alguien

197

al suelo, lanzaba una carcajada; y si alguien no lograba lo que buscaba, se revolcaba de risa. Por eso, cuando vio a Vera marcharse sigilosamente, hizo fuerza y trató de enderezarse. Casi muere del esfuerzo que hizo, pero se armó de valor y consiguió abrirse con un gran chasquido. Sólo por hacerle mal a Vera; sólo por fastidiarla. Se abrió, rió y aguardó a ver qué iba a suceder.

Todos saltaron por la ventana. Vera apretaba el vientre de Ah para ver si arrancaba
antes de que los otros llegaran.

En cuanto la ventana trabada se abrió, se
despertaron todos. Vera suplicaba:

—¡Muévete, Ah, por favor! ¡Camina!

¿Pero quién dice que Ah se movía? Como
ignoraba los planes de Vera, pensó que tenía
que esperar también a Alexandre.

—¡Camina! ¡Obedece!

Alexandre asomó la cabeza por la ventana:

—¿A dónde vas, Vera?

—Me voy, chao.

—¿Sola?

—Sí, ¡chao! ¡Obedece ya, Ah!

—¡Ah, no! Vas a tener que atravesar la oscuridad y te va a dar miedo otra vez; yo voy contigo. ¡Augusto, ven con nosotros!

—Yo también quiero montar a caballo —exclamó la gata—. ¿Vamos, pavón?

—Contigo voy a cualquier parte.

Todos saltaron por la ventana. Vera apretaba el vientre de Ah para ver si arrancaba antes de que los otros llegaran.

—Quiero irme sola, Alexandre. Por favor, quédate aquí: puede que después no sepas volver.

—Claro que voy a saber —saltó encima de Ah.

De un vuelo, el pavo real estuvo tras Alexandre; la gata saltó y se agarró del pavón; y en cuanto Augusto montó, listo: Ah salió galopando tan velozmente que no le dio tiempo a Vera de decir nada más.

Monte de flores, playa, bosque, en un santiamén todo quedó atrás. El camino iluminado por la luna de color calabaza también quedó atrás tan rápidamente que apenas tuvieron tiempo de contemplarlo. Cuando Vera calculó que entrarían en la oscuridad, vio la cerca que se aproximaba. Alta, con espinos, amenazante. "¿Por qué no hay oscuridad también delante de la cerca?", se preguntó. Alexandre pensó lo mismo; todos se agarraron con fuerza uno del otro, temiendo que Ah no pudiera dar un salto tan alto. Pero lo dio. Un salto que fue un vuelo. Cayó en la granja donde el padre de Vera plantaba flores.

En cuanto Ah tocó suelo la luz desapareció, igual que la otra vez. Alexandre se asombró:

—La oscuridad se mudó de lado —apenas acabó de hablar, comenzó a sentir que las piernas se le encogían, que Ah desaparecía—. ¿Sientes tú también que Ah se está desinventando? —le dijo a Vera.

—Sí.

—¿Y tú, Augusto?

Augusto no respondió. Alexandre lo llamó en voz alta:

—¡Augusto! ¡Eh, Augusto! —nada—. ¡Responde, Augusto! —no contestaba—. Augusto, ¿dónde estás?

En ese momento el pavo real preguntó:

—¿Alguien ha visto a la gata de la capa?

A Alexandre le pareció extraño aquel modo de hablar del pavo real. Llamó:

—¡Gata! ¡Gata de la capa! —nada—. ¡Augusto! ¡Gata!

Ninguno de los dos respondía. Vera no perdió tiempo: aún tenía un pedazo de tiza. Dibujó de nuevo la puerta, el picaporte, la llave; en cuanto todo estuvo listo abrió la puerta y los tres salieron de la oscuridad. Estaban en el mismo lugar donde ella y Alexandre, en vez de despedirse, inventaron a Ah. Se miraron; miraron al pavo real. Tenía la cabeza ladeada, los ojos adormilados; cuando Alexandre preguntó "¿Dónde está la gata de la capa, pavón?", él respondió "¿Dónde está la gata de la capa?", suspiró tembloroso, dio unos pasos y se asustó al toparse con un sapo.

Vera estaba tristísima:

—Me tengo que ir, Alexandre. ¡Creo que estoy fuera de casa desde hace mucho tiempo! Mis papás deben de estar muy nerviosos y no puedo quedarme más, ¡tengo que irme!

—Está bien, vete entonces.

—Pero ¿dónde está Augusto?

—Bueno, a él nunca le gustó montar a caballo; a decir verdad, me sorprendió que viniera con nosotros. Seguramente se aburrió en el camino y nos dejó.

—¿Y la gata?

—Seguro volvió con él: a los gatos no les gusta el galope.

—¿Quieres decir que si tú vuelves los encontrarás?

—Sí.

—Entonces llama a Ah y vuelve en seguida —comenzó a llamarlo—: ¡Ah! ¡Ah! ¡Ah!

—No es así, Vera, así no aparece. Deja que lo llame yo; tú tienes prisa, vete ya.

—¿Y si lo llamas y no viene?

—Vendrá, ya verás.

—Y si no viene, ¿cómo volverás?

—¡Tranquila! Volveré a pie: atravesaré la oscuridad, saltaré la cerca y listo. Ya no le tengo miedo.

—¡Pero la cerca es tan alta! No vas a poder saltarla, te va a hacer falta Ah.

—No hay problema, ¡vete!

En ese momento Vera vio a sus padres a lo lejos, llegando a la granja. ¿Estarían buscándola desde hacía mucho tiempo? Corrió, gritando:

—¡Estoy aquí! ¡Estoy aquí! —corriendo y gritando. Y volviéndose hacia atrás para decirle adiós a Alexandre. Se tropezó con un árbol pero fingió que no le había dolido y siguió adelante.

Estaba amaneciendo, pero Vera se había despertado hacía ya tiempo. Sólo durmió un poco esa noche —un rato lleno de pesadillas: la cerca era cada vez más alta; Ah cada vez menos real; y la gata y Augusto se habían esfumado para siempre. Después no pudo volver a conciliar el sueño.

A las tantas sintió un ruidito en la ventana —rrrrr—, como una uña arañando la madera. Era muy suave. Puso atención y de nuevo escuchó el ruido: rrrrrr. De repente saltó de la cama: ¡estaba segura de que era Alexandre!

Así era. Allí estaban él y el pavo real. El sol

estaba naciendo con fuerza: sería un día caluroso.

—Hola.

—Hola.

Aquello no fue un saludo sino un susurro. Alexandre le explicó:

—No pude. Hice de todo pero no sirvió. Es demasiado difícil saltar la cerca. Si estuviera solo, sería capaz. Pero al pavo real le queda muy difícil.

—¿Y Ah?

—Hice de todo para inventarlo otra vez, pero... ¡no sé! No sale, no aparece.

El pavo real habló alto, como hablaba siempre:

—No aparece.

Alexandre y Vera se asustaron:

—¡Shh!

Quedaron mudos. ¿Los habría oído alguien? Pero la casa estaba en silencio. Afuera comenzaba a despertarse todo: pajaritos, perros, gatos, gatas sin capa... Vera preguntó:

—¿Y ahora?

—Ahora me voy. Continúo mi camino. Si sigo así toda la vida, llegaré algún día a la casa de mi madrina.

—Pero...

—¿Qué? Habla.